AF298648

FACULTÉ DE DROIT DE PARIS

DROIT ROMAIN

CONDITION

DE

L'ENFANT NÉ HORS MARIAGE

DROIT FRANÇAIS

CONDITION

DE

L'ENFANT NÉ HORS MARIAGE

DURANT LA RÉVOLUTION

THÈSE POUR LE DOCTORAT

PAR

Joseph COCHE

Avocat à la Cour d'appel de Paris

PARIS

LIBRAIRIE NOUVELLE DE DROIT ET DE JURISPRUDENCE

ARTHUR ROUSSEAU, ÉDITEUR

14, rue Soufflot et rue Toullier, 13

1892

THÈSE

POUR

LE DOCTORAT

DROIT ROMAIN

CONDITION
DE
L'ENFANT NÉ HORS MARIAGE

DROIT FRANÇAIS

CONDITION
DE
L'ENFANT NÉ HORS MARIAGE

DURANT LA RÉVOLUTION

THÈSE POUR LE DOCTORAT

L'ACTE PUBLIC SUR LES MATIÈRES CI-DESSUS
sera soutenu le samedi 11 juin 1892 à 2 h. 1/2

PAR

Joseph COCHE

Avocat à la Cour d'appel de Paris

Président :   M. LEFEBVRE, professeur.

Suffragants { MM. LEVEILLÉ, professeur.
JOBBÉ-DUVAL, professeur-adjoint.
MASSIGLI, agrégé.

PARIS

LIBRAIRIE NOUVELLE DE DROIT ET DE JURISPRUDENCE

ARTHUR ROUSSEAU, ÉDITEUR

14, rue Soufflot et rue Toullier, 13

1892

A MON PÈRE

A MA MÈRE

PRINCIPAUX OUVRAGES CONSULTÉS PAR L'AUTEUR

De la condition de l'enfant naturel et de la concubine dans la législation romaine, par PAUL GIDE.

Précis de droit romain de M. ACCARIAS.

Notice de M. LABBÉ sur « la famille civile et la famille naturelle », sur « la dévolution dans la succession », sur « le concubinat » et notice de M. BONNIER, sur le concubinat à la suite de l'ouvrage de M. ORTOLAN sur la législation romaine.

De l'influence du christianisme sur le droit civil des Romains par M. Troplong.

DES ENFANTS NÉS HORS MARIAGE

INTRODUCTION

L'expression d'enfants naturels était connue des
Romains, et c'est à leur langue que nous avons lit-
téralement emprunté cette dénomination assez malheureuse, qui semble dénier aux enfants légitimes
une qualité qu'il serait peu raisonnable de leur contester. Les textes latins appellent souvent *liberi naturales* les enfants nés des justes noces par opposition aux enfants adoptifs (1) ; mais, si l'on écarte
ce premier sens qui n'offre pour nous aucun intérêt,
la locution s'applique, suivant les époques, à deux
classes de bâtards bien différentes. Par les mots
liberi naturales, les jurisconsultes classiques en-
tendent toujours les enfants issus du *contubernium,* c'est-à-dire de l'union d'un esclave avec une

1. U. R., 8, § 1.

personne libre ou bien un autre esclave : ...... *Naturales liberos, id est in servitute quæsitos* (2), telle est la définition que nous lisons au Digeste. Plus tard, au bas empire, ce nom désigna spécialement les enfants nés du concubinat : un titre du code qui leur est consacré porte pour rubrique : *de naturalibus liberis*.... (3).

Dans sa première acception l'expression s'appliquait à des personnes dont nous n'aurons pas à nous occuper par la suite, et dans la seconde elle ne comprenait pas toutes celles qui feront l'objet de cette étude.

Les *liberi naturales* issus du contubernium naissaient le plus souvent esclaves. Il en était autrement toutefois quand leur mère était libre ; mais cette hypothèse se présentait rarement : monstrueuse aux yeux des Romains et flétrie par l'opinion, l'union d'une femme libre avec un esclave tomba sous le coup de peines sévères, lorsque la corruption des mœurs l'eut rendue possible : par le contubernium

---

2. L. 88 § 12, D. 31. 1. Voir aussi Gaius I. 19 ; Paul V, 6, § 16 ; l. 8 D. 20, 1 etc. etc. Peut-être cependant pourrait-on trouver au Digeste de très rares exemples de l'expression « *filii naturales* » prise pour désigner des enfants illégitimes nés de parents libres : l. 45 D. 28, 6 et l. 17, § 4 D. 36. 1 ; encore pourrait-on soutenir qu'il est question dans ces deux textes d'enfants nés d'une mère esclave et d'un père libre qui les a plus tard affranchis, hypothèse fréquente à Rome.

3. C. 5. 27.

avec l'esclave d'autrui, la femme s'exposait, depuis
Claude, à tomber elle-même en esclavage ; et depuis
Constantin, par le contubernium avec son propre
esclave elle encourait la mort (2). Quant aux enfants qui avaient pour mère une esclave, on
pourrait sans doute les ranger parmi les enfants
naturels puisqu'ils naissaient en dehors des justes
noces ; nous n'en parlerons pas cependant au cours
de ce travail ou n'en dirons qu'un mot incidemment,
car ils étaient eux-mêmes de condition servile et dès
lors qu'importe leur filiation puisque la loi leur refusait toute personnalité juridique ?

Nous devrons au contraire nous occuper avec soin
des *liberi naturales*, au sens que ces mots reçurent
au bas-empire. On réservait alors ce nom aux enfants nés de la plus régulière des unions illégitimes,
du concubinat, c'est-à-dire du commerce licite et
continu d'un homme et d'une femme non mariés.
Mais à côté d'eux, il en est d'autres, fruits de liaisons
passagères ou d'unions interdites par la loi, qui devront également attirer notre attention : à ceux là
s'applique de préférence à partir de Constantin, l'expression de *spurii* ou de *vulgo concepti,* qui dans les
textes antérieurs désigne indifféremment tous les
bâtards.

1. Paul, II, 21 et 17.
2. L. 1, C., IX, 11,

Les enfants naturels dont nous nous proposons d'é-
tudier ici la condition, ce sont toutes les personnes
nées hors mariage d'une mère libre.

Toute législation relative aux enfants naturels
se rapporte à deux questions distinctes : comment
s'établit la filiation naturelle ?. et quels effets pro-
duit-elle une fois constatée ? A ces deux questions
l'on conçoit des solutions très-diverses. Une loi peu
favorable aux bâtards peut en même temps soumettre à des conditions difficiles la justification de leur
titre et n'y attacher que des avantages peu considérables. Au contraire, une loi moins sévère admet-
tra sans peine la preuve de la filiation naturelle, et
accordera des droits étendus à l'enfant qui l'aura
faite. L'on comprend enfin une législation qui tour
à tour sévère et indulgente, se montrerait exigeante
quant à la preuve, mais généreuse quant aux effets
de la filiation illégitime, ou bien encore, avare quant
aux effets, mais facile quant à la preuve. Nous
verrons que la loi romaine n'a jamais soumis à des
règles restrictives la preuve naturellement si délicate
de la filiation irrégulière. En ce qui touche les effets
de la paternité et de la maternité naturelles, il devait se produire des variations considérables au cours
de cette longue période qui va des premiers siècles
de Rome jusqu'à Justinien.

PREMIÈRE PARTIE

PREUVE DE LA FILIATION NATURELLE

Notre loi moderne règle soigneusement la preuve
de la filiation naturelle. L'enfant qui veut l'établir
doit normalement produire un acte spécial dont le
code indique la forme et la valeur ; à défaut de cet
acte, la recherche judiciaire de la maternité est possible, mais soumise à des conditions sévères qui en
rendent le succès difficile, celle de la paternité est
rigoureusement interdite. Enfin, il est des unions
criminelles que la loi voudrait dérober aux regards,
et jamais, sinon par un accident contraire à ses
vœux, ne peut être soulevé le voile de la filiation
adultérine ou incestueuse. Les Romains, et ce n'est
pas la moindre originalité de leur législation sur la
matière qui nous occupe, n'ont jamais posé de règles
analogues : chez eux le droit commun régissait la
preuve de la paternité comme de la maternité naturelle ; ils n'avaient encore imaginé aucun mode
spécial pour l'établir, et la reconnaissance légale,
cette institution moderne, n'apparut jamais à Rome ;
mais par contre, nulle disposition restrictive ne ve-

nait interdire ni même entraver la recherche de la
filiation illégitime, qui à toute époque resta permise
à tout intéressé dans tous les cas et par tous les
moyens ordinaires. Le silence même des textes nous
édifie à cet égard : si le droit romain avait ici posé
des règles exceptionnelles, le Digeste ou le Code en
aurait conservé la trace.

« *Mater semper est certa, etiam si vulgo conceperit* » (1). La mère est toujours certaine, ne fût-elle
pas épouse. C'est un principe que les jurisconsultes
proclament à l'envi. Le plus souvent, sans doute, la
preuve de la maternité résultait de la possession
d'état. Mais là, même où la possession d'état faisait
défaut, la maternité pouvait s'établir sans trop de
peine. La grossesse et l'accouchement sont des faits
qui ne passent point inaperçus, qu'il est même difficile de dissimuler, et l'enfant qui recherchait sa
mère, pour prendre l'hypothèse la plus fréquente,
pouvait à son gré faire entendre des témoins, produire des actes écrits, recourir à l'aveu, au serment,
invoquer même de simples présomptions ; il avait
en un mot à sa disposition tout l'arsenal des preuves.
Les mêmes moyens étaient aux mains de toute personne étrangère ou parente, qui avait intérêt à démontrer ou à contester la filiation maternelle d'un
bâtard.

1. L. 5, D. 2, 4.

Quelques doutes s'élèvent au contraire relativement à la paternité en présence des textes nombreux qui affirment, à la manière d'un axiome juridique, que l'enfant naturel n'a jamais de père certain : point de paternité en dehors du mariage ; *sine
patre natus*, enfant sans père, voilà le nom qui convient au bâtard (G. 1, § 64 ; Inst. 3, 5 § 4 ; 1. 5, D.
2. 4). Nous verrons plus tard comment s'explique ce
langage : à Rome, où la paternité légitime créait des
liens si forts, celui que nous appelons aujourd'hui
le père naturel, resta longtemps un étranger à l'é-
gard de son enfant, et ne lui fut jamais uni que par
de faibles attaches ; aussi les jurisconsultes refu-
saient-ils le nom de *pater* à l'auteur de l'enfant illégitime pour le réserver au chef tout puissant de la
famille. Mais n'allons pas conclure de pareils textes
que la recherche de la paternité ait jamais été interdite par le droit romain. Une telle interdiction,
qu'explique surtout la crainte du scandale, surpren-
drait dans un pays et à une époque où l'opinion se
montrait beaucoup moins sévère qu'aujourd'hui pour
les unions irrégulières de l'homme ; et la crainte du
scandale même n'avait pas coutume d'arrêter les
Romains : tandis que nous n'avons admis qu'en
tremblant l'action en désaveu, n'autorisaient-ils pas
la mère et l'enfant aussi bien que le père lui-même
à combattre dans tous les cas et par tous les modes
de preuve la présomption de légitimité résultant des

justes noces ; et quand nos codes s'efforcent timide-
ment de jeter un voile sur l'adultère et l'inceste, ne
voyons-nous pas la loi romaine ouvrir contre ces
deux crimes une accusation publique ?

Sous une législation si hardie, rien ne devait empêcher et rien n'empêchait d'établir le fait de la
paternité naturelle, quand il pouvait être utile de le
démontrer au juge. Or, à toute époque, il se ren-
contra de telles hypothèses. Pour avoir le droit d'af-
ranchir son esclave, le maître devait dans certains
cas faire constater judiciairement que cet esclave
était son fils naturel ou son frère naturel (G. I. 19 ;
L. II, D. 40. 2 ; l. 21 pr. D. 49, 15 ; Inst. 1, 6 § 5).
La paternité irrégulière, aussi bien que la légitime, formait un obstacle aux justes noces : pour
rompre le mariage contracté en dépit d'un tel empê-
chement, il fallait prouver le lien qui unissait les
deux époux. La preuve de la paternité naturelle
était parfois nécessaire encore pour l'interprétation
d'un testament ou d'un contrat : la jurisprudence
décidait en effet que l'expression de *filii* ou de *liberi*
pouvait comprendre les enfants nés hors mariage,
quand le stipulant ou le testateur était un affranchi
ou un homme de condition obscure (l. 17, § 4, D.
36. 1). Ainsi, dès les premiers siècles, le droit romain connaissait la recherche de la paternité naturelle et l'admettait toujours quand il y avait intérêt
à la faire. Les hypothèses de ce genre se multipliè-

rent sous les empereurs chrétiens, lorsque la légitimation s'introduisit dans la législation romaine, lorsque des incapacités de recevoir vinrent frapper les enfants illégitimes, quand ils devinrent enfin les héritiers de leur père. Mais alors, comme à l'origine la règle demeura la même : la preuve de la paternité comme celle de la maternité naturelle est possible dans tous les cas et par tous les moyens.

En fait cependant et par la nature même des choses, la preuve de la paternité était singulièrement plus difficile que celle de la maternité. A défaut de la reconnaissance légale qui n'existait pas alors, cette preuve supposait nécessairement connue la mère de l'enfant. Celui qui se prétendait fils de tel homme devait établir que, durant la période de quatre mois où des présomptions, naturellement applicables à la filiation irrégulière, plaçaient l'obscur instant de la conception, sa mère avait eu des relations avec cet homme et n'en avait eu qu'avec lui seul. Si la première partie de cette preuve était parfois délicate, la seconde présentait toujours une extrême difficulté. Toutes les législations en dispensent l'enfant légitime en présumant la fidélité de la femme mariée. Le juge pouvait admettre une présomption analogue, même en dehors du mariage, quand il reconnaissait à la mère une moralité relative et que l'union irrégulière présentait certains caractères de durée et de stabilité : il en était ainsi

dans le concubinat. Quant aux enfants issus de relations passagères, leur père demeurait nécessairement incertain. Enfin les bâtards nés du *stuprum*,
c'est-à-dire d'un commerce réprouvé par la loi, pouvaient parfois sans doute établir leur filiation paternelle, quand ils devaient le jour par exemple à un
mariage entaché de nullité ; mais cette paternité
coupable ne produisit jamais d'effets en leur faveur,
et à la fin du droit romain, ils eurent au contraire
le plus grand intérêt à cacher le crime auquel ils devaient naissance.

DEUXIÈME PARTIE

EFFETS DE LA FILIATION NATURELLE

Nous avons constaté qu'une règle invariable régit
la preuve de la filiation illégitime depuis l'origine
du droit romain jusqu'aux derniers temps de l'Empire. Nous verrons au contraire les effets de la paternité et de la maternité naturelles subir au cours
des siècles de nombreuses et profondes modifications.

CHAPITRE PREMIER

Sur un point cependant, la législation romaine n'a
point varié : la qualité d'enfant naturel ne fut jamais de par la loi une cause d'infériorité sociale.

Sans doute, aux premiers siècles de Rome, à l'époque où la cité n'était qu'une confédération de familles, l'enfant naturel, par sa naissance même hors
de toute famille, se trouvait condamné à un sort
très misérable : plébéien toujours, puisqu'il n'avait
pas de père, il ne pouvait aspirer à une situation
quelconque dans une cité, où les patriciens étaient
les maîtres. Plus tard, quand l'accès des magistratures publiques s'ouvrit à la plèbe, le bâtard put,
semble-t-il, y prétendre ; la loi du moins ne l'en
écartait pas en considération de son origine ; mais,
généralement sans fortune et sans appui, il devait
rarement s'élever bien haut dans une société, où l'aristocratie restait puissante encore. Lorsque l'Empire eut abattu la noblesse et confondu tous les
rangs, nous voyons l'enfant illégitime obtenir l'édilité, la questure, la préture, et l'enfant incestueux
lui-même porter le titre de décurion (l. 3 § 2 D. 50.
2 ; Orelli, n° 2686) : enfin, sur le trône des Césars

allait un jour s'asseoir le fils d'une concubine (1).
L'irrégularité de la naissance ne fermait donc pas à
Rome l'accès des charges publiques et Papinien qui
nous présente une application de cette règle, la justifie en ces termes : *non enim impedienda est dignitas
ejus qui nihil admisit* (6 pr. D. 50. 2). Il ne faut point
punir le père coupable en la personne du fils innocent. Grande vérité qu'ont toujours proclamée ceux
qui ont pris en mains la cause de l'enfant naturel,
mais que la nécessité de protéger la famille et le
mariage n'a jamais permis de respecter dans toutes
ses conséquences.

A Rome même, où l'irrégularité de la naissance
n'était pas en général une cause d'infériorité sociale,
l'égalité de tous les enfants sans distinction d'origine ne fut pas toujours religieusement observé ;
Ulpien reconnaît aux *spurii* le droit d'entrer dans la
curie de leur cité, mais, ajoute-t-il, s'il y a concur-
rence entre un *spurius* et un enfant illégitimo, ce
dernier sera préféré.

Il n'y avait là qu'une faible atteinte à un principe
qui fait honneur à la législation romaine, et si le
droit public de notre ancienne France devait dans la
suite exclure les bâtards de certaines dignités, ce
n'est pas à l'influence des lois romaines qu'il faut
attribuer ces rigueurs, mais à celle de l'Eglise, des
coutumes barbares et de la féodalité aristocratique.

1. Constantin ; voir Zozime, II, 8.

CHAPITRE II

CONDITION DE L'ENFANT NATUREL DANS LA FAMILLE.

La condition privée de l'enfant naturel, si étroitement liée à l'état des mœurs et à la constitution de la famille légitime, devait, comme ces mœurs et comme cette famille même, se transformer avec le temps : au règne de Constantin correspond un changement si radical dans l'esprit de la législation, que nous sommes naturellement conduits, pour la clarté de notre étude, à distinguer deux périodes, la première antérieure, la seconde postérieure à l'avénement de ce prince.

Section I

Première période : condition de l'enfant naturel dans la famille depuis l'origine de Rome jusqu'à Constantin

La première période commence aux origines de Rome et comprend toute l'époque du droit classique. L'étude n'en est point facile, car les textes qui nous la font connaître sont rares et peu explicites :

de là des controverses sur des questions capitales.

La condition des enfants illégitimes, n'avait pas encore, et c'est ce qui explique cette insuffisance des textes, attiré l'attention des Romains. Quelle place fixer à l'enfant naturel dans la famille ou à côté de la famille ? Comment lui refuser des droits que la nature même semble consacrer ? Comment lui reconnaître ces droits, sans ébranler l'institution fondamentale du mariage ? Ces questions qui tourmentent le législateur moderne, et passionnent parfois l'opinion, les jurisconsultes classiques, d'ordinaire si pénétrants, ne se les étaient pas même posées.

Sans apercevoir le problème, ils y avaient pourtant donné une solution : l'idée ne leur était pas venue d'appliquer ici des règles exceptionnelles, que semble commander une situation anormale ; mais la condition de l'enfant illégitime résultait des principes généraux qui gouvernaient la famille. Cette indifférence de la loi à l'égard des enfants naturels, forme le caractère distinctif de la période que nous allons étudier.

Malgré l'antique pureté des mœurs, si vantée par les historiens et les poètes latins, les enfants naturels durent être nombreux à Rome dès les premiers siècles : le mariage demeura prohibé entre plébéiens et patriciens jusqu'à Canuleius, entre ingénus et affranchis jusqu'au règne d'Auguste, et l'on peut croire que les unions irrégulières furent fréquentes entre ceux à qui la rigueur des lois interdisait les justes noces.

Quelle était alors la condition des enfants nés hors mariage? Aucun texte ne nous éclaire à ce sujet, mais nous pouvons nous en faire une idée assez exacte d'après ce que nous savons de la famille romaine à cette époque.

Cette famille primitive nous apparaît avec ses dieux propres, les dieux Lares, avec son gouvernement particulier, l'autocratie du *pater familias*, comme un État véritable dans un État plus grand, qui est la cité. A cette souveraineté correspondait une constitution de la famille bien différente de la nôtre : la famille romaine, telle que la conçoit la loi des XII Tables, ce n'est pas la nature qui la forme, ce n'est pas la communauté du sang qui en groupe les membres ; la volonté du père la crée ; le lien qui unit les parents, c'est la puissance paternelle. Celui qui doit en être le chef, la compose à son gré ; il peut y faire entrer des étrangers par l'adoption ; il pouvait, dit-on, à l'origine, en exclure ses propres enfants, et, à l'époque même où ce pouvoir excessif ne lui appartient plus, on peut dire qu'il a entendu les y admettre d'avance, le jour où, par un libre choix, il a pris leur mère pour épouse. La famille ainsi formée ne comprend que les agnats, c'est-à-dire les enfants du *paterfamilias*, les enfants de ses fils et plus généralement ses descendants par les mâles. Quant aux descendants par les femmes, ils appartiennent à la famille de leur père et par suite ne comptent point dans celle de leur mère ; car c'est un principe absolu, que nul ne peut appartenir en même temps à deux familles différentes. Comment en serait-il autrement, puisque la puissance paternelle est la base de la famille ? Nul ne peut servir deux maîtres à la fois. Il n'existe qu'un seul cas où le droit civil consacre la parenté de l'enfant et de la mère, celui où la mère a quitté sa famille d'origine pour tomber sous la puissance de son mari : on disait alors qu'elle était *in manu mariti*, et, dans cette nouvelle situation, elle devenait comme la sœur de ses enfants.

Ce rapide tableau suffit à nous montrer que la condition de l'enfant naturel dut être à cette époque bien misérable. Il n'appartenait pas à la famille de son père, puisqu'il n'était pas issu de justes noces ; à plus forte raison se voyait-il fermer celle de sa mère : même légitime, il n'en eût point fait partie. Aucun lien n'unissait donc le bâtard à ses parents. Le père, du moins, pouvait par l'adrogation l'introduire dans sa famille. Mais la mère, pour qui cette ressource n'existait pas, restait toujours une étrangère à son égard.

Cette forte organisation de la famille avait raison d'être sans doute dans une cité naissante, mais ne pouvait longtemps se maintenir. La famille naturelle allait voir consacrer successivement ses droits, grandir d'abord à côté de la famille civile, et plus tard empiéter sur son domaine ; en même temps, la condition de l'enfant naturel que le droit primitif avait si durement traité, allait devenir meilleure.

En instituant la *bonorum possessio unde cognati*, qui existait déjà au temps de Cicéron, le préteur lui reconnut une mère et des parents maternels (Inst. III, 3 pr.). La mère a désormais pour héritiers à défaut d'agnats ses enfants naturels ou légitimes ; inversement, elle vient à leur succession, s'ils meurent avant elle sans laisser d'agnats ; enfin un droit de succession réciproque existe encore, mais toujours à défaut d'agnats, entre les cognats légitimes ou naturels issus de la même femme.

Ainsi, chose curieuse ! contraste frappant avec nos législations modernes ! le préteur consacre les droits de la cognation sans en examiner la source, et met sur le même rang l'enfant né hors mariage et l'enfant issu de justes noces. Les enfants naturels viennent à la succession de leur père en concours avec les enfants légitimes et tous y prennent une part égale. Le fils naturel est l'héritier du fils légitime de sa mère, de même que ce dernier lui succède. Dans la dévolution des héritages, le droit civil ne considérait que la communauté de maître ; le droit nouveau ne s'attache qu'à la communauté du sang ; le préteur accorde indifféremment les mêmes faveurs à l'enfant légitime et au bâtard, puisque le sang de leur mère coule également dans leurs veines.

Considérons le côté le plus intéressant de l'innovation prétorienne, c'est-à-dire les droits de l'enfant naturel dans la succession de sa mère.

Les agnats, avons-nous dit, passaient avant celui qui invoquait la *bonorum possessio unde cognati*: l'enfant naturel pouvait donc se voir primer par un parent de sa mère, peut être très-éloigné, mais héritier selon la loi des XII Tables. Les mœurs romaines rendaient moins fréquente cette hypothèse. Impitoyables pour les désordres de la femme ingénue, les Romains voyaient avec indulgence, ou du moins avec indifférence, le libertinage des affranchies, et c'est à cette classe qu'appartenaient le plus grand nombre des mères non mariées : or la femme affranchie n'avait point d'agnats, et ses enfants lui succédaient sans difficulté.

Quand l'enfant naturel avait des droits à la succession de sa mère, le préteur ne permettait pas à celle-ci de l'en priver sans motif. L'enfant qui ne recueillerait pas une part suffisante de la fortune maternelle, pourra, par la plainte d'inofficiosité, faire anéantir le testament injuste qui le dépouille. Son droit héréditaire est protégé comme celui d'un héritier légitime. Il n'y a là, remarquons-le, qu'une application particulière d'un principe général : la *querela inofficiosi testamenti* est donnée aux héritiers du droit prétorien aussi bien qu'aux héritiers du droit civil.

Il est une autre conséquence de la maternité naturelle, qui existait certainement à l'époque où nous sommes et qui précéda même sans doute la vocation de l'enfant à la succession maternelle, je veux parler de l'obligation alimentaire. Le préteur ne permettait évidemment pas à la mère naturelle de laisser mourir de faim celui qu'elle n'avait pas le droit de déshériter. Cette obligation, comme toutes celles du même genre, était d'ailleurs réciproque.

Il était d'autant plus nécessaire d'imposer à la mère l'obligation de nourrir et d'élever son enfant, que celui-ci ne pouvait réclamer à son père même des aliments. A cet égard, la législation primitive s'était maintenue intacte : l'enfant naturel n'avait point de famille paternelle et l'adoption seule pouvait lui en donner une.

Il en fut certainement ainsi jusqu'au règne d'Auguste, mais si l'on en croit certains auteurs, ce prince aurait apporté ici des réformes importantes, et attaché, dans certains cas au moins, des effets considérables à la paternité naturelle.

A la fin de la République et au commencement de l'Empire, correspond une époque de corruption profonde ; c'est le temps où, nous dit Tacite, les femmes comptaient les années par le nombre de leurs maris, et Juvénal renchérit encore sur l'historien :

Sic crescit numerus, sic fiunt octo mariti
Quinque per autumnos, titulo res digna sepulcri.

La dissolution des mœurs entraînait comme une conséquence naturelle la décroissance de la population, grave péril qu'Auguste voulut conjurer. C'est dans ce but qu'il fit porter la loi Julia *de maritandis ordinibus*, que vint compléter cinq ans plus tard la loi *Pappia Poppæa*. Pour encourager les Romains au mariage, seule union vraiment féconde, ces lois, souvent appelées *caducaires*, organisaient tout un système de peines contre le célibat et de faveurs au profit des unions légitimes. Il convenait de réduire autant que possible le nombre des empêchements au mariage, cause fréquente d'unions irrégulières : les justes noces furent désormais permises entre ingénus et affranchis ; aux sénateurs seuls, à leurs enfants et à leurs descendants par les mâles, il restait défendu d'épouser un ancien esclave. Quelques prohibitions de mariage, sans parler de celles que justifie la parenté, subsistaient néanmoins : les ingénus ne pouvaient s'unir aux femmes notées d'infamie, classe à laquelle appartenaient alors les comédiennes.

Les lois Julia et Papia ne réglementaient pas seu-

lement le mariage ; elles s'occupaient également des
unions irrégulières et par là méritent particulièrement notre attention. Mais nous rencontrons-ici de
graves controverses sur le sens et la portée de leurs
innovations.

D'après certains interprètes, Auguste aurait, à côté
ou plutôt au-dessous des justes noces, institué le
concubinat, union d'ordre inférieur sans doute, mais
véritable union légale, analogue au mariage morga-
natique de l'Allemagne. Cette union légale devait
produire certaines conséquences juridiques : seul
parmi les enfants naturels, l'enfant qui en est issu
possède, dit-on, un père certain ; les enfants nés du
concubinat, aussi bien que ceux du mariage, procu-
rent à leurs parents les divers avantages, que les
lois caducaires attachaient à la fécondité ; enfin, et
c'est ce qui nous intéresse surtout, un tel enfant peut
réclamer des aliments à son père, et même recueillir
sa fortune à titre d'héritier *ab intestat*. Les partisans
de cette doctrine se trouvent donc conduits à distinguer, depuis Auguste, deux classes d'enfants illégitimes, ceux qui doivent le jour au concubinat, et
ceux qui n'ont point cette heureuse fortune.

Nous ne nous arrêterons pas à discuter l'ensemble de ce système que M. Gide a, selon nous,
brillamment réfuté. Ce savant écrivain nous a montré la portée exacte des réformes d'Auguste, et nous
a révélé le caractère véritable du concubinat. Il

faut, à partir des lois caducaires, distinguer trois sortes d'unions, le mariage que le législateur favorise, le *stuprum* qu'il punit, le concubinat qu'il tolère. La limite entre le concubinat et les justes noces existait dès l'origine de Rome ; mais Auguste créa celle qui sépare le concubinat du *stuprum* le jour où, dépouillant les tribunaux domestiques d'une autorité qu'ils ne méritaient plus, il arma les tribunaux de l'Etat contre les unions scandaleuses. A égale distance des justes noces que la loi protège et du *stuprum* qu'elle condamne, le concubinat est un fait indifférent, « qui n'a rien de légal, quoiqu'il soit toléré par la loi, ni rien de moral, quoiqu'il soit toléré par les mœurs » ; c'est le concubinage qu'il faudrait dire, si la différence des idées romaines avec les nôtres ne justifiait ici l'emploi d'un terme spécial.

Quant aux prétendus effets que l'on a voulu parfois attacher à cette union aussi peu légale que légitime, les romanistes ont vainement fait assaut de subtilité pour en démontrer l'existence. L'homme qui vivait avec une concubine et la rendait mère, tombait-il sous le coup des peines établies contre l'*orbitas*, ou pouvait-il, au contraire, prétendre aux avantages accordés à l'auteur de plusieurs enfants légitimes ? Peu nous importe, et nous ne nous attarderons pas, après M. Gide, à détruire les arguments des interprètes, qui assimilent à cet égard les effets du concubinat à ceux du mariage. Mais les enfants issus du concubinat eurent-ils, depuis Auguste et durant la période classique, une filiation paternelle certaine ? Existait-il une obligation alimentaire entre eux et leur père ? Venaient-ils enfin à la succession de celui-ci ? Voilà des questions qui intéressent directement la condition de l'enfant naturel et qu'il nous faut examiner avec soin.

Les interprètes qui attribuent au concubinat les effets les plus étendus, reconnaissent aux enfants qui en proviennent certains droits à la succession de leur père. Cette vocation, ils ne la fondent point sur le droit civil : de par la loi des XII Tables, l'agnation seule fait les héritiers, et personne n'oserait accorder au bâtard le titre d'agnat. C'est du préteur que cet enfant tiendrait ses droits héréditaires : il pourrait invoquer la *bonorum possessio unde liberi* suivant les uns, la *bonorum possessio unde cognati* d'après les autres.

La première doctrine mérite à peine discussion : on sait que les héritiers siens ou ceux qui avait perdu cette qualité par suite d'une *capitis deminutio*, pouvaient seuls réclamer *la bonorum possessio unde liberi* ; comment un enfant naturel eût-il pu y prétendre ?

Quant à la *bonorum possessio unde cognati*, aucun texte, à notre connaissance ni même à celle de nos adversaires, ne la concède expressément dans l'hypothèse qui nous occupe ; mais il est naturel, dit-on, il est logique d'en admettre l'existence. Le préteur pour l'accorder ne considère que la communauté du sang : tout enfant peut la réclamer quand il s'agit de la succession maternelle ; or les biens qui unissent un fils à sa mère ne sont pas plus forts que ceux qui l'attachent à son père : égale parenté implique droits égaux d'après la jurisprudence prétorienne.

Cette doctrine repose sur une conception inexacte de la cognation ; ceux qui la soutiennent, supposent que le père était le cognat de ses enfants, et c'est une erreur. La cognation, j'entends la cognation au sens étroit du mot, la seule qui produisît des conséquences juridiques, se développait par les femmes et par les femmes seulement, de même que l'agnation se développait uniquement par les mâles. On pourrait invoquer bien des textes en ce sens (l. 10 § 2, D. 38. 8 ; Inst. III. 5 § 4) ; bornons-nous à citer l'un des plus formels, que nous empruntons à Modestin (1. 4 § 2, D. 38, 8) : *Et quidem naturalis cognatio intelligitur quæ per feminam descendit quæ vulgo liberos peperit.* M. Gide nous fait merveilleusement comprendre l'idée que les Romains se formaient de la cognation : « Ce qui constituait à leurs yeux le rapport naturel « de parenté, c'était un fait purement physique : « non pas le fait de la génération que la nature ca- « che et que le juge ne peut constater, mais le fait « de la naissance. La même loi naturelle qui attri- « bue les fruits de la terre au propriétaire du sol et « non à celui de la semence, l'agneau au proprié-

« taire de la brebis et le jeune esclave au maître de
« sa mère, cette même loi va régler aussi le sort de
« l'enfant naturel : cet enfant n'a pas de père,
« il n'a qu'une mère. »

Le seul argument invoqué par nos adversaires se
trouve ainsi réfuté ; nous pouvons en invoquer plus
d'un contre leur système.

Et d'abord, si vraiment le préteur avait appelé
certains enfants naturels à la succession de leur père,
comment comprendre le silence absolu des textes sur
une vocation de cette importance ? Une foule de lois
au Digeste, maint fragment de Paul et d'Ulpien nous
montrent l'enfant illégitime venant prendre sa part
de l'héritage maternel ou même attaquer le testament de sa mère par une plainte d'inofficiosité :
nulle part nous ne le voyons user de la *querela* contre les dernières dispositions de son père ni recueillir
une portion de l'héritage paternel. Le concubinat
n'était pourtant que trop répandu à l'époque classique, au temps où un empereur même, et l'un des
meilleurs, prenait une concubine (1).

Si aucun texte ne mentionne ici l'existence de la
bonorum possessio, il y en a qui la contredisent nette-
ment : du cinquième chapitre de la novelle XVIII et du
chapitre XII de la novelle LXXXIX il résulte très clairement que Justinien a le premier appelé les enfants
nés du concubinat à la succession de leur père ; encore

1. Marc-Aurèle.

ne leur en attribua-t-il qu'une portion fort minime ;
c'est dire qu'à l'époque classique aucun droit sem-
blable ne leur appartenait encore.

Allons plus loin : l'enfant naturel ne pouvait pas
même alors exiger de son père des aliments, et ré-
ciproquement il n'était pas tenu de lui en fournir.
Nous ne trouvons pas trace au Digeste de cette obligation alimentaire ; en vain soutiendrait-on qu'il en
est parlé dans un texte d'Ulpien : *Et magis puto,
etiamsi non sunt liberi in potestate alendos a parentibus
et vice mutua alere parentes debere.* (L. 5 § 1 D. 25.
3). En lisant les lignes qui précèdent, on s'aperçoit
qu'il ne s'agit pas dans ce paragraphe d'enfants naturels, mais bien d'enfants légitimes, sortis de la
puissance paternelle par l'émancipation ou de toute
autre manière. Le silence du Digeste n'est pas moins
significatif ici que tout à l'heure : les textes font
défaut parce que le droit lui-même n'existait pas.
En faveur de notre opinion, nous pouvons au contraire
invoquer deux passages d'Ulpien lui-même : « Nous
obligerons la mère, dit-il, à nourrir ses enfants,
surtout s'il ne sont pas légitimes » (L. 5 § 4 D. 25,
3) *Surtout,* car ceux-là n'ont point de père qui doive
assurer leur subsistance. Et ailleurs : le père doit
des aliments à sa fille, *si c'est une fille légitime* (l. 5
§ 6 D. 25. 3). Il ne serait point tenu de la même
obligation envers une fille ou un fils né hors mariage.

La paternité naturelle, et c'est le seul effet incon-

testable qui en dérivât à l'époque classique, entraînait les mêmes prohibitions de mariage que la paternité légitime (54, D. 23, 2). La jurisprudence
romaine, qui montrait en pareille matière une grande
sévérité, décidait qu'une paternité même douteuse
suffisait pour former obstacle aux justes noces. Mais
ce qui lui inspirait cette solution, c'étaient des raisons
de hautes convenance morale, et non pas des raisons
de droit. De conséquences vraiment juridiques de la
paternité naturelle, il n'en existait aucune, et c'est
ce qu'expriment les jurisconsultes romains, quand
ils nous disent, que l'enfant naturel n'a jamais de
père certain. La paternité illégitime pouvait sans
doute s'établir en justice, ainsi que nous l'avons
nous-même reconnu ; mais ce n'était qu'un pur fait
sans existence aux yeux de la loi. Cela est si vrai que
les Romains refusaient le nom du père à l'auteur du
bâtard (L. 7, C. 5, 27), et voici la véritable traduction
d'un texte très-connu, mais parfois mal compris :
« La mère est toujours certaine, ne fût-elle pas
épouse ; mais point de paternité hors du mariage » (1).

Ne nous hâtons pas d'accuser de barbarie une
législation, qui faisait ainsi de l'enfant naturel un
étranger à l'égard de son père : cette situation même

---

1. L. 5. D. 1, 2, t. 4 : « *Quia (mater) semper certa est, etiamsi
vulgo conceperit : pater vero is est quem nuptiæ demonstrant.* »
(Paul).

avait ses avantages, car à l'absence de tous droits
correspondait l'absence de toute incapacité.

Le père naturel peut donner à son enfant tout ce
qu'il pourrait donner à un enfant légitime ; il est libre durant sa vie de le combler de libéralités, libre
après sa mort de lui laisser des legs considérables ; il
peut enfin lui conférer par testament ce titre d'héritier que la loi ne lui accorde pas.

Si le bâtard n'avait pas de famille paternelle, ce
n'est pas que la loi romaine eût voulu l'en bannir
comme indigne : en traçant le cadre de cette famille,
elle n'avait point songé à lui et l'avait laissé en dehors sans y prendre garde. Mais elle ne lui en interdisait pas l'entrée, et lui permettait, ainsi qu'à tout
étranger d'y obtenir par l'adoption la place que ne
lui assurait pas sa naissance. A la vérité cette adoption,
ou pour mieux dire cette adrogation, n'était possible
qu'au profit d'un seul enfant naturel, et seulement
en l'absence d'autres enfants légitimes ou adoptifs ;
les lois caducaires exigèrent en outre que l'adrogeant
eût dépassé l'âge de soixante ans; mais il n'y avait pas
là de règles spéciales, inspirées par la haine des bâtards; c'était l'application pure et simple du droit
commun. Le droit commun régissait aussi, dans
l'hypothèse qui nous occupe, les effets de l'adrogation,
effets des plus étendus : l'adrogé entrait dans la
famille de son père adoptif, où il acquérait tous les
droits d'un enfant légitime.

Les mœurs romaines voyaient-elles avec faveur ou seulement avec indifférence l'adoption d'un bâtard ou les dispositions faites en sa faveur ? C'est une question à laquelle il nous serait difficile de répondre. Mais si l'on considère que la recherche de la paternité naturelle est aujourd'hui prohibée, que la reconnaissance légale est de la part du père un acte de libre volonté et qu'il en résulte pour l'enfant, à côté d'avantages beaucoup moindres que ceux de l'adoption antique, des incapacités très-étendues, on reconnaîtra que la législation romaine, loin de traiter l'enfant naturel avec une rigueur impitoyable, se montrait envers lui plus douce que la nôtre. Douceur non voulue, qui ne dérivait ni d'une certaine indulgence pour les moins irrégulières, ni d'un sentiment de pitié pour ceux qui en naissent : résultat favorable aux bâtards d'une loi qui avait oublié de statuer sur leur sort !

L'absence de toutes règles spéciales fut surtout avantageuse à l'enfant naturel dans ses rapports avec sa mère. Fondée uniquement sur la communauté du sang, la cognation résultait du concubinat ou même du *stuprum* aussi bien que des justes noces ; et nous avons vu le préteur accorder des droits de succession à tous les cognats indifféremment, sans examiner la pureté de leur naissance. La cognation va se développer en droit classique et même gagner du terrain aux dépens de la famille agnatique ; chacun de ses progrès profitera au bâtard autant qu'à l'enfant légitime.

L'existence d'une obligation alimentaire, entre la mère et son fils, déjà certaine avant le règne d'Auguste, ne saurait faire aucun doute sous l'Empire, en présence des textes nombreux qui l'affirment. Qu'il nous suffise de rappeler une loi d'Ulpien assez formelle pour nous dispenser d'autres citations : « *Ergo et matrem cogemus præsertim vulgo quæsitos liberos alere, nec non et ipsos eam* » (5 § 4, D. 25. 3).

Quant aux droits de succession fondés sur la parenté naturelle, deux sénatus-consultes fameux rendus au deuxième siècle de l'ère chrétienne, devaient leur donner une extension notable.

Le sénatus-consulte Tertullien, le premier en date, appelait la mère à l'hérédité légitime de ses enfants. Cette vocation supposait évidemment que le défunt ne fût pas en puissance, car le fils de famille ne pouvait avoir d'héritiers ; l'enfant naturel, s'il n'était pas adopté, satisfaisait toujours à cette condition, puisqu'il naissait *sui juris*. Il fallait en outre que la mère eût mis au monde trois enfants, si elle était ingénue, quatre si elle était affranchie. A cette règle on reconnaît l'esprit qui avait inspiré les lois caducaires. Enfin, des constitutions impériales exigèrent dans certains cas une condition spéciale ; la mère, qui avait dépassé l'âge de vingt-cinq ans, ne venait à la succession de son fils, mort

lui-même avant la puberté, que si elle avait pris
soin de lui nommer un tuteur ou de poursuivre le
remplacement du tuteur destitué ou excusé (2, § 1,
D. 26. 6). Peu importait d'ailleurs que le *de cujus*
dût le jour au mariage, au concubinat, ou même à
une liaison condamnée par la loi : la mère recueil-
lait les biens de l'enfant né de sa faute, comme ceux
de son enfant légitime (Inst. III, 3, § 7). Dans la succession de son fils, la mère naturelle passait après
les héritiers siens du défunt et ceux qui leur étaient
assimilés ; elle concourait dans la succession de sa
fille avec les descendants au premier degré de la défunte, mais excluait ses petits-enfants. Le sénatus-
consulte la préférait aux agnats, et par là se
montrait plus hardi que le préteur, puisqu'il osait
porter atteinte aux droits de la famille civile (U. R.
26, § 8). Mais cette hardiesse n'intéressait guère
les bâtards, qui n'avaient jamais d'agnats hormis le
cas d'adoption.

Cette réforme, qui donnait à l'enfant sa mère pour
héritière légitime, en appelait une autre : par une
juste réciprocité, le sénatus-consulte Orphitien accorda la préférence à l'enfant sur les agnats dans la
succession de sa mère, faveur très-appréciable
même pour les bâtards. Marc-Aurèle, qui le proposa,
ne songea pas, lui non plus, à distinguer entre
l'enfant naturel et l'enfant légitime. Primant tous
les agnats de la défunte, concourant avec sa mère,

ils viendront l'un et l'autre prendre une égale part de l'héritage maternel (U. R. 26, § 7). Le sénatus-consulte Orphitien, à la différence du Tertullien, ne subordonnait pas leur vocation à l'acquisition du *jus liberorum*.

La *bonorum possessio unde cognati* ne perdit pas toute raison d'être à partir de ces innovations. Nos deux sénatus-consultes ne réglaient que les rapports de l'enfant avec sa mère; s'agissait-il de recueillir la succession d'un autre cognat, celle d'un aïeul maternel par exemple ou celle d'un parent collatéral, la *bonorum possessio* conservait son utilité.

Loin de limiter les droits du bâtard à la succession de ses parents maternels, le droit classique lui accordait la même légitime qu'aux enfants nés de justes noces (29, § 1, D. 5. 2). Comme eux, il avait à son service la *querela inofficiosi testamenti*, pour attaquer le testament, qui le déshéritait sans motif.

Ainsi cette même législation, qui ne reconnaissait pas de père à l'enfant naturel, avait en partie réalisé le rêve de quelques utopistes modernes, et placé le bâtard au même rang que l'enfant légitime dans ses rapports avec sa mère.

Mater certa, pater incertus : ces quatre mots résument les dispositions du droit classique relativement à l'enfant naturel. Il en résultait pour lui la règle inverse de celle qui s'appliquait à l'enfant légitime : l'un suivait la condition de son père, l'autre celle de sa mère. « *Connubio interveniente liberi semper patrem sequntur ; non interveniente connubio matris conditioni accedunt* » (U. R. 5. 8). Voulons-nous donc savoir si une personne née hors mariage est libre ou esclave ? Envisageons la condition de sa mère, et pour cela plaçons-nous à l'époque de l'accouchement (U. R. V. 10) : La mère était-elle libre à ce moment ? L'enfant sera libre. Esclave ? Il sera de condition servile. Veut-on connaître la cité à laquelle appartient un bâtard ? Qu'on recherche celle de sa mère au jour où elle l'a mis au monde (l. 9. D. 50. 1).

La mère exerce aujourd'hui le droit de puissance paternelle sur l'enfant illégitime que son père n'a pas reconnu : les Romains n'avaient pas admis cette conséquence de l'incertitude de la paternité ; la *patria potestas* ne pouvait tomber en quenouille. Il fallait donc pourvoir d'autre manière au gouvernement des biens et de la personne de l'enfant naturel, tant que l'âge ne lui permettait pas de gérer sa fortune et de se conduire lui-même. On lui donnait un tuteur comme à tous les impubères *sui juris*.

Il ne pouvait être ici question de tutelle testamentaire en l'absence de père de famille, ni de tutelle agnatique faute d'agnats : en principe, c'est le magistrat qui déférait la tutelle. Tous parents ou amis du mineur pouvaient requérir son intervention, mais c'était pour la mère une obligation véritable, et, faute d'y satisfaire, elle se voyait déchue de ses droits à la succession légitime de son fils. Sur qui se portera le choix du préteur? Aucun texte ne lui défend de désigner comme tuteur le père naturel lui-même. Quant à la mère, son sexe l'écarte de cette fonction, et l'empereur seul, dans sa toute puissance, peut la lui accorder à titre de faveur exceptionnelle (18, D. 26. 1).

On a soutenu que le père, au moins dans l'hypothèse du concubinat, avait également le droit de nommer un tuteur à ses *liberi naturales*, et, c'est même là, dit-on, l'un des effets qu'aurait produits cette union soi-disant légale. Il y a là de l'exagération. Hermogène (7 pr. D. 26. 3) n'accorde ce droit au père que « dans le cas où il laissait quelque chose à son enfant », et dans cette limite même, il ne faut y voir aucun privilège fondé sur la parenté, car Paul nous apprend qu'un étranger pouvait désigner le tuteur d'un impubère, pourvu qu'il disposât en sa faveur (4 D. 26. 3). Remarquons en outre que ce choix devait toujours être confirmé par le magistrat.

Le tuteur veillait aux intérêts pécuniaires du pupille ; mais la garde et l'éducation du mineur ne lui étaient pas nécessairement confiées. Le préteur, après avoir pris l'avis des parents, confiait ce soin à la personne qu'il jugeait la plus capable de s'en bien acquitter. Quand il s'agissait d'un enfant naturel, on peut croire que le magistrat ne l'enlevait pas à sa mère sans de graves motifs ; qui donc eût accompli avec plus de dévouement la délicate mission d'élever son fils ?

Arrivé à l'âge de puberté, le bâtard, comme toute personne *sui juris*, recevait un curateur. Le magistrat était sans doute libre de conférer ces fonctions au père naturel ; du moins, aucun texte ne le lui défend. La mère n'y pouvait prétendre, car la curatelle est une charge publique, réservée aux hommes ; elle pouvait seulement désigner par testament un curateur de son choix, et cette désignation, bien que dénuée de tout caractère légal, devait, nous dit Néralius, être confirmée par le préteur après enquête (2, § 1, D. 26. 3).

Section II

Deuxième période : condition de l'enfant naturel dans la famille à partir de Constantin.

Le christianisme a marqué son empreinte sur toutes les parties de la législation romaine, et principalement sur le droit de la famille. En ce qui concerne la condition des bâtards, il devait donner naissance à deux courants opposés, l'un hostile et l'autre favorable à l'enfant naturel. Les doctrines chrétiennes allaient remettre en honneur le mariage, la seule union morale, la seule qui assure l'égalité de l'homme et de la femme. L'Eglise, qui faisait du mariage un sacrement, devait réprouver comme d'impurs désordres les relations irrégulières, que toléraient les mœurs païennes : animés de son esprit, Constantin et ses successeurs engageront la lutte contre le libertinage, et pour le mieux combattre, n'hésiteront pas à diriger leurs coups sur les enfants qui en sont les fruits. D'autre part, l'esprit de charité chrétienne devait exciter la compassion du législateur pour ces victimes malheureuses de la faute d'autrui : de là un retour à des mesures plus douces, et le souci de réhabiliter l'enfant illégitime. Sous cette double influence, nous verrons les lois relatives aux bâtards se multiplier à partir de Constantin, et tandis que le Digeste était presque muet à leur égard, le Code leur consacre un long chapitre. Ces textes, nous le verrons, visent presque uniquement les rapports de l'enfant naturel avec son père : jusqu'à la fin du droit romain, les règles applicables aux enfants légitimes régirent en principe les rapports de cet enfant avec sa mère. Cette différence se justifie par une vérité qui est de tous les temps : « Les filles sont assez portées au mariage ; ce sont les garçons qu'il faut encourager » (Montesquieu).

§ 1. — *De Constantin à Justinien.*

A Constantin, fils lui-même d'une concubine, revient l'honneur d'avoir le premier porté son attention sur les enfants nés hors mariage. Mais dans son ardeur de néophyte, dans l'impatience louable de voir disparaître des unions que réprouvait une morale plus pure, ce prince déploya contre eux une sévérité excessive.

Aux termes d'une constitution que nous avons conservée (l. 1, C. 5. 27), il déclara nulles et de nul effet les donations entre-vifs ou testamentaires, directes ou indirectes, faites par certains personnages d'un rang élevé aux enfants, qu'ils auraient eus de femmes indignes, ou à ces femmes elles-mêmes. Il faut voir dans ce texte la trace d'une incapacité de recevoir générale, qui frappait la concubine et tous les bâtards indistinctement. Il résulte en effet du témoignage de Justinien (novelle 89, préambule et ch. XII pr.), que Constantin avait dans tous les cas interdit au père naturel de transmettre par un mode quelconque à ses enfants ou à leur mère la plus minime partie de sa fortune.

Cette mesure, aussi radicale que prématurée, heurtait trop rudement les mœurs encore païennes d'un Empire à peine devenu chrétien, pour qu'elle pût se maintenir dans toute sa rigueur, et nous verrons bientôt les successeurs de Constantin y apporter de sages tempéraments. Mais les dispositions mêmes qui interviendront par la suite en faveur de certains bâtards, apparaissent comme des exceptions à un principe général, l'incapacité absolue pour l'enfant naturel de recevoir de son père une libéralité quelconque.

Cette audacieuse réforme tendait à détourner les hommes des unions irrégulières par la crainte des incapacités infligées à leur descendance. Une autre, mais celle-ci trop timide, eut pour but d'attirer au mariage par l'appât des récompenses, ceux qui avaient des enfants illégitimes. Constantin conçut le premier l'idée d'une institution, que le droit moderne a conservée sous le nom de légitimation par mariage subséquent. Ce prince permit au père naturel de devenir à tous égards le père légitime des enfants qu'il avait eus hors du mariage, à la seule condition d'épouser leur mère : il acquérait sur eux la puissance paternelle et les justes noces effaçaient les incapacités qu'avait imprimées la naissance irrégulière. Mais, craignant de multiplier les fautes à l'avenir, s'il offrait le moyen de les réparer, l'empereur n'admit la légitimation qu'à titre de mesure transitoire, au profit des bâtards déjà nés à l'époque de sa constitution. Ceux-là même ne pouvaient en bénéficier que s'ils avaient pour mère une concubine ingénue. Pas de légitimation possible pour les produits du *stuprum* ni pour les enfants d'affranchis (5, C. 5. 27).

Peut-être s'étonnera-t-on que cette institution, à nos yeux si naturelle, ait pénétré si tard dans la législation romaine. S'il en est ainsi, remarquons-le, c'est que le besoin ne s'en faisait guère sentir à l'époque classique. Il ne pouvait être question de légitimation à l'égard de la mère, ni de la famille maternelle, puisqu'il n'y avait de ce côté aucune différence entre la condition du bâtard et celle de l'enfant légitime. L'unique but à atteindre, c'était de faire entrer le bâtard dans la famille paternelle. L'adoption, quand elle était possible, réalisait parfaitement ce résultat. Mais les conditions rigoureuses, auxquelles le législateur l'avait soumise. ne permettaient souvent pas d'y recourir. Même alors, rien n'empêchait le père d'assurer à l'enfant de sa concubine, par ses libéralités, une situation égale, et même supérieure, à celle d'un enfant légitime. Ce fut seulement le jour où il perdit cette liberté de disposer au profit de son fils naturel, que se manifestèrent les avantages de la légitimation. Les incapacités nouvelles, qui avaient leur source dans la faute des parents, ne pouvaient disparaître que par la réparation de cette faute, et le mariage parut un mode de réhabilitation aussi normal que moral. Un excès de prudence empêcha seul de donner dès l'origine à la légitimation le caractère d'une institution permanente.

A défaut de légitimation, l'adoption des bâtards demeurait-elle encore permise ? Nous ne connaissons aucun texte qui l'interdise avant une constitution de l'empereur Justin (7 C. 5. 27). Dès le règne de Constantin cependant son application dut soulever de graves difficultés. Reconnaître à l'adoption la vertu d'effacer les incapacités qui dérivaient de la filiation naturelle, c'était rendre vaines les mesures prises contre les enfants naturels : si telle fut la solution admise, on peut croire que la magistrat, chargé de l'enquête préalable, devait difficilement donner son approbation à un acte, qui avait pour unique objet de tourner une loi gênante. Dénier à l'adoption cet effet peu justifiable, c'était lui enlever toute utilité pratique. Nous retrouvons un écho des controverses, qui s'élevèrent à ce sujet, dans une constitution d'Anastase : ce prince déclara pleinement valables les adrogations qui auraient eu lieu au profit d'enfants nés hors mariage ; les autorisa pour l'avenir, et y attacha dans tous les cas les effets les plus étendus (l. 6, C. 5, 27).

Constantin avait rendu singulièrement plus misérable la condition de l'enfant naturel à l'égard de son père. En droit classique, le père illégitime ne devait rien à son fils, mais pouvait tout lui donner. A l'absence totale de droits le premier empereur chrétien substituait chez l'enfant une totale incapacité : dorénavant son père ne lui doit rien et ne peut rien en sa faveur. Enfin le bâtard se voyait désormais fermer, ou peu s'en faut, l'entrée de la famille paternelle. Sa légitimation n'avait été qu'un instant permise, et son adoption, qu'elle fût efficace et par suite dangereuse, ou simplement inutile, devait être fort rare.

Si l'on en croit Justinien (nov. XII préambule et ch. XII principium), les empereurs Valens, Valentinien et Gratien revinrent les premiers à des sentiments plus humains envers lui. Ces princes relevèrent partiellement des incapacités que leur avait infligées Constantin, non pas tous les bâtards, mais ceux qui étaient issus du concubinat et que l'on désignait alors sous le nom de *liberi naturales* ; ils se montrèrent également moins rigoureux envers leur mère (novelle 89, ch. 12). Dans une sage pensée de protection pour la famille, ils firent varier la capacité qu'ils reconnaissaient à la concubine et à ses enfants, suivant que le défunt avait ou non de proches parents légitimes. Laissait-il des *liberi justi*, des petits enfants *ex filio*, ou bien son père ou sa mère, il pouvait disposer d'un douzième de son patrimoine en faveur tant de sa concubine que de ses *liberi naturales*, et d'un demi-douzième en faveur de sa concubine seule. En l'absence de tels héritiers, la quotité disponible tant au profit des enfants naturels que de leur mère, s'élevait à un quart de la fortune.

Les empereurs Honorius et Arcadius confirmèrent plus tard les règles, que nous venons d'exposer. (2, C. 5. 27).

Les enfants né du *stuprum*, c'est-à-dire d'un commerce illicite, *ex nefariis vel incestis vel damnatis complexibus* (nov. 89, ch. 15), ne bénéficièrent pas de ces lois plus douces. C'étaient d'une part les enfants nés de mariages prohibés pour cause de parenté, d'alliance, d'inégalité sociale, à raison de l'existence d'un mariage antérieur, pour des motifs d'ordre religieux ou d'une nature quelconque ; et d'autre part les enfants issus de certaines unions coupables, n'affectant pas la forme du mariage : adultère de la femme par exemple ; relations d'un homme marié avec une concubine, ou relations simultanées du même individu avec plusieurs concubines ; liaison d'une femme libre avec un esclave ; commerce entre parents qui ne pouvaient s'épouser ; rapports autres que les justes noces avec une femme honnête et ingénue, quand on n'avait pas attesté, par un acte formel, qu'on ne la voulait prendre qu'à titre de concubine (D. 25, 7, 3). Les fruits de telles unions qui avaient, sous Constantin et en même temps que tous les enfant naturels, perdu la capacité de recevoir de leur père aucune espèce de libéralité, ne devaient jamais la recouvrer sous les successeurs de ce prince. Ainsi nous devrons désormais distinguer deux classes de bâtards que la loi traite avec une inégale sévérité : ceux qui doivent le jour au concubinat ou *liberi naturales*, et ceux qui doivent le jour au *stuprum*, souvent appelés *spurii*. Le droit classique les avait tous confondus dans la même indifférence. Mais le jour où les empereurs chrétiens châtièrent les désordres des parents en la personne de leurs fils, il était naturel de proportionner l'incapacité infligée à l'enfant au crime de ses auteurs.

A ces deux classes nous pourrions peut-être en ajouter une troisième, celle des enfants illégitimes qui ne pouvaient en fait établir leur paternité. Fils d'un inconnu, *vulgo quæsiti*, pour employer l'énergique expression latine, ceux-là, par la force même des choses, restèrent au bas-empire ce qu'ils étaient jadis, de simples étrangers à l'égard de leur père.

Vers le milieu du cinquième siècle, une institution étrange, connue sous le nom de légitimation par oblation à la curie, vint dans certains cas permettre aux *liberi naturales* d'échapper aux incapacités qui les atteignaient, et même de recueillir l'héritage de leur père à défaut de testament.

Des considérations d'ordre fiscal plutôt que moral en inspirèrent l'idée aux empereurs Théodose II et Valentinien III. On sait que la curie, sorte de sénat municipal, que l'on rencontre au bas-empire dans toutes les cités de quelque importance, avait notamment pour fonction de répartir et de recouvrer l'im-

pôt foncier et la capitation. Les membres de la curie faisaient l'avance des sommes que devaient fournir ces deux contributions, et supportaient le défi-
cit en cas d'insolvabilité des contribuables. A ces
charges, déjà fort lourdes à une époque où l'exigence
du fisc et la misère de l'empire rendaient très-diffi-
cile le recouvrement des impôts, s'en ajoutaient
d'autres toutes personnelles aux décurions : sur
eux seuls pesaient les dépenses des jeux et des spec-
tacles publics ; c'est eux qui offraient au prince l'*au-
rum coronarium* à l'occasion des évènements heureux ; ils devaient enfin verser à la curie le quart de
leurs revenus. Menacés à brève échéance d'une
ruine certaine, les décurions occupaient donc une
situation fort peu enviable, et, pour combler les vi-
des que la mort ou la déconfiture creusaient dans la
curie, devenue un rouage essentiel de l'administration
impériale, il fallait recourir à des expédients que le
succès ne couronnait pas toujours. Tel fût le caractère
de la légitimation par oblation à la curie : Théodose et
Valentinien n'hésitèrent pas à exploiter l'amour paternel pour grossir les rangs des curiaux.

S'agissait-il d'un fils, l'oblation se faisait à la curie
de la ville où le père était né, ou à celle de la ville
dont relevait le lieu de sa naissance ; le père devait
lui donner au moins vingt-cinq arpents de terre, fortune nécessaire pour appartenir à la curie. S'agissait-
il d'une fille, le père la légitimait en la mariant à un

décurion après lui avoir constitué une dot de vingt-cinq
arpents de terre. L'on pouvait légitimer de la sorte
tous ses enfants naturels, ou plusieurs, ou un seul, à
son choix. Dans le désir d'assurer un recrutement
si difficile, les empereurs n'exigèrent même pas chez
le père la qualité de curial, bien que ces fonctions
fussent en principe héréditaires. Il fallait seulement
qu'il n'eût pas d'enfants légitimes. Par application
du double principe que nul n'est tenu d'accepter
une libéralité et qu'un individu *sui juris* ne tombe
jamais en puissance contre sa volonté, le consentement de l'enfant naturel était une condition nécessaire pour la légitimation. Ce consentement pouvait
d'ailleurs être tacite, et on ne le présumait que trop
facilement : le bâtard qui préférait sa condition à la
richesse fragile et au périlleux honneur que lui proposait son père, devait s'abstenir avec soin de détourner la moindre parcelle de l'héritage paternel ;
autrement on lui imposait la qualité de curial en
dépit de ses protestations.

Véritable privilège accordé au libertinage des
riches, cette institution extraordinaire qui avilissait
encore, s'il était possible, les premières dignités mu-
nicipales, devait pourtant se maintenir durant plusieurs siècles. Les nécessités fiscales qui l'avaient
fait imaginer, persistèrent, et Justinien lui-même,
qui introduisit tant de sages réformes dans la législation des bâtards, se vit obligé de la respecter. L'his-

toire du droit offre peu d'exemples d'une mesure aussi arbitraire et aussi durable (L. 3 et 4, C. 5, 27).

Ce mode de légitimation, auquel les riches seuls pouvaient prétendre, parut sans doute insuffisant à l'empereur Zénon. Toujours est-il que ce prince en l'année 476 autorisa de nouveau la légitimation par mariage au profit des enfants nés d'une concubine ingénue. Mais, à l'exemple de Constantin, il n'osa donner à cette mesure qu'un caractère transitoire, et l'admit seulement en faveur des bâtards, dont la naissance avait précédé sa constitution (5, C. 5, 27).

Quarante ans plus tard, Anastase rétablit la légitimation par mariage, mais cette fois d'une manière permanente, au profit des enfants nés ou à naître. Il ne prit pas soin d'en réserver le bénéfice aux *liberi naturales*, et semble-t-il, n'exigea plus chez la mère la qualité d'ingénue. En même temps il déclarait pleinement valable l'adrogation des bâtards (6, C. 5, 27).

Sa constitution ne tint que deux années, et Justin, son successeur, l'abrogea pour l'avenir comme déshonnête. Les considérations morales, qu'il invoque à l'appui de sa réforme, nous paraissent peu sincères, puisqu'il maintenait encore la moins justifiable des légitimations ; la crainte de voir diminuer le nombre des oblations à la curie, que remplaçaient avec avantage les modes établis par Anastase, fut sans doute le principal motif qui l'inspira. Rendons

lui du moins cette justice, qu'il ne manquait pas de
sages raisons pour abolir l'adrogation des bâtards,
à quoi bon infliger des incapacités à l'enfant naturel,
si le père demeurait libre de l'en relever par l'adoption ?

A l'avénement de Justinien, le bâtard n'hérite
point de son père et ne peut même lui réclamer
des aliments ; à peine lui permet-on de profiter de
la générosité paternelle. A cette condition misérable
il n'existe qu'un remède, auquel les riches seuls
peuvent recourir, l'oblation à la curie, remède souvent pire que le mal. L'enfant naturel n'est plus un
étranger pour son père ; il est moins encore. La loi
n'ignore plus le lien qui les unit, mais à cette parenté qu'elle réprouve, elle n'attache que des déchéances.

Cependant, sous les empereurs chrétiens, la condition de l'enfant naturel à l'égard de sa mère,
continuait à s'améliorer parallélement à celle de
l'enfant légitime, à mesure que la *cognatio* faisait
de nouveaux progrès.

Trois constitutions successives, la première de
Constantin, la seconde de Valens et Valentinien I,
la troisième de Théodose III et Valentinien III, vinrent modifier le sénatus-consulte Tertullien. Mais
ces réformes, qui concernaient les droits de la mère
en concours avec les agnats de son fils prédécédé,

n'offrent pour nous aucun intérêt, puisque l'enfant naturel n'avait pas de famille agnatique.

D'autres constitutions, notamment celle des empereurs Valentinien, Théodose et Gratien (4, C. 6. 57) établirent la prééminence du sénatus-consulte Orphitien sur le Trébellien, et doivent attirer notre attention. Nous avons vu qu'à l'époque classique les enfants d'une fille naturelle venaient à la succession de leur mère en concours avec leur grand'-mère. Les princes chrétiens préférèrent à la mère de la défunte ses enfants légitimes ou naturels.

Le sénatus-consulte Orphitien, en conférant pour la première fois le titre d'héritiers légitimes aux descendants par les femmes, ne s'était occupé que des enfants et n'avait rien dit des petits-enfants. Ceux-ci n'avaient donc, pour venir à la succession de leur aïeul, d'autre ressource que la *bonorum possessio unde cognati* ; ils se voyaient primer en conséquence soit par les enfants, soit par la mère, soit par les agnats de la personne défunte. En l'année 389 Valentinien, Théodose et Arcadius corrigèrent la législation antérieure, et leur accordèrent le droit de succéder à leurs grands parents à la place de leur mère prédécédée, (1. 9, C. 6. 55). Ce nouveau progrès de la cognation profita aux enfants naturels comme aux légitimes, et peu importait que la filiation soit des petits-enfants soit de leur mère dérivât ou non du mariage. Désormais donc les enfants

naturels survivant à leur mère, elle-même fille naturelle ou légitime, *(liberi injusti ex filia legitima vel
injusta)* recueilleront la succession de leur grand-
père ou de leur grand'mère maternel à l'exclusion
de la mère de l'un ou de l'autre. Si l'aïeul décédé
laisse des héritiers siens, nos enfants concourront
avec eux, mais par suite d'une restriction apportée
à leur droit, ils ne prendront à eux tous que les
deux tiers de la part qui aurait appartenu à leur
mère. En vertu d'une restriction analogue, au lieu
d'exclure complètement les agnats de leurs grands
parents, ils ne leur enlèvent que les trois quarts de
l'hérédité. La *querela inofficisii testamenti* compète
aux petits-enfants contre le testament de leur aïeul
qui les déshériterait injustement, et nul doute que
cette action n'appartienne également aux bâtards.

Si l'égalité devant la mère de tous les enfants,
sans distinction d'origine, demeurait toujours le
principe, cette règle admettait cependant une double exception. La première remontait au règne de
Constantin : en même temps qu'il punissait de mort
la femme qui entretenait des relations avec son esclave, ce prince décida que les enfants nés d'un tel
commerce ne pourraient à aucun titre prendre la
plus minime portion du patrimoine de leur mère.
(1 C. 9, 11). Par une seconde dérogation à la règle
générale, les empereurs Arcadius et Honorius (396)
privèrent de leurs droits à la succession maternelle

les enfants nés de mariages incestueux ou prohibés
(*ex incestis vetitisve nuptiis*) (l. 6. C. 5, 5). Peut-être
échappaient-ils à cette incapacité, si leurs parents
s'étaient unis de bonne foi et rompaient la vie commune, dès qu'ils découvraient leur erreur (4. C.
5, 5). Ces mêmes enfants ne purent désormais rien
recevoir de leur mère, ni par donation ni par testament. Les autres bâtards restaient comme jadis pleinement capables de recueillir toutes libéralités ma-
ternelles. Ces deux dispositions exceptionnelles présentent un intérêt véritable, car il faut y voir le
premier germe d'une distinction entre la maternité
naturelle et la maternité légitime.

§ 2. — *Justinien.*

Nous arrivons au règne de Justinien. Ce prince
porta sur les enfants naturels une attention particulière, et, après leur avoir consacré plusieurs constitutions, il finit par refondre entièrement dans la
novelle 89 la législation qui les concernait. Les idées
qui le guidèrent furent celles que nous avons vues
successivement se traduire dans les lois de l'empire
chrétien. En ce qui touche les rapports de l'enfant
naturel avec son père, il estima, comme ses prédécesseurs, que le moyen le plus efficace de détourner
les hommes des unions irrégulières, c'était de les

punir dans la personne de ceux qui leur sont le
plus chers au monde ; comme eux, il distingua plusieurs classes d'enfants illégitimes, pour les traiter
avec une rigueur variable, suivant la gravité de la
faute que leurs auteurs avaient commise ; comme
eux, il les frappa d'incapacités plus graves,quand il
y avait de proches parents légitimes à protéger.
Mais, beaucoup mieux que ses prédécesseurs, il
sentit cette vérité, que les enfants naturels ne sont
pas complices du crime de leur naissance, et, pénétré des sentiments de commisération que mérite
leur sort, il s'efforça de rendre leur condition plus
douce. Non content de réduire les incapacités qui
les frappaient, il fit le premier dériver de la paternité naturelle certains droits au profit des bâtards,
imposa le plus souvent au père l'obligation de les
nourrir, et les appela même en certains cas à la
succession paternelle ; enfin il leur facilita, dans la
mesure du possible l'accès de la famille légitime.
Pour ce qui est des rapports de l'enfant naturel
avec sa mère, Justinien maintient en principe l'assimilation du bâtard à l'enfant légitime.

Étudions d'abord la condition de l'enfant naturel
à l'égard de son père.

La distinction des *liberi naturales*, nés du concubinat et des *spurii*, issus de relations illicites, présente désormais une importance fondamentale, car,
si Justinien améliora notablement la situation des

premiers,il redoubla de rigueur envers les autres.Le concubinat, que plusieurs textes de notre époque désigne sous le nom de *licita consuetudo*, conserve le caractère que nous lui avons reconnu dès l'époque classique : union licite et continue, telle est la définition qui lui convient encore. Au concubinat, l'on oppose toujours le *stuprum*, et cette expression comprend comme autrefois toutes relations illicites qualifiées ou non de justes noces ; mais le nombre des obstacles au mariage a diminué, car Justinien a supprimé les empêchements fondés sur l'inégalité sociale. A côté des *liberi naturales* et des *spurii*, se placent les enfants qui ne peuvent faire la preuve de leur filiation paternelle : simples étrangers à l'égard de leur père, ils sont assimilés aux *liberi naturales* dans leurs rapports avec leur famille maternelle ; aussi ne leur consacrerons-nous pas un chapitre spécial.

Nous examinerons en premier lieu la condition des *liberi naturales* puis celle des *spurii*.

Justinien augmenta considérablement dans certains cas la portion du patrimoine, dont le père naturel pouvait disposer au profit de sa concubine et des enfants qu'il avait d'elle ; mais il voulut en même temps sauvegarder les droits de la famille légitime. Dans une constitution datée de l'an 528 (8 C. 5. 27), il avait porté cette quotité de trois douzièmes à six douzièmes, lorsque le défunt ne laissait ni mère ni postérité légitime. Onze ans plus tard, il revint sur la même matière dans la novelle 89 et reproduisit la distinction que nous avons pour la première fois rencontrée dans une loi de Valens, Valentinien et Gratien. Le père laissait-il des enfants nés de justes noces, la quotité disponible demeurait comme autrefois fixée à un douzième au profit de la concubine et des enfants naturels, à un demi-douzième au profit de la concubine qui n'avait pas d'enfants. En l'absence de pareils descendants, les enfants naturels et leur mère recouvraient la même capacité qu'un étranger ; ils ne pouvaient toucher à la quarte des ascendants s'il en existait, mais à défaut d'ascendants, ils pouvaient recueillir la totalité du patrimoine maternel. La même incapacité de disposer, qui atteint le père naturel lorsqu'il laisse une postérité légitime, frapperait également le grand'père, et cela dans une triple hypothèse, soit qu'il s'agît de l'enfant naturel de son enfant légitime, ou de l'enfant légitime de son enfant naturel, ou à plus forte raison de l'enfant naturel de son propre enfant naturel (12, C. 5. 27).

Jusqu'au règne de Justinien, les bâtards n'avaient jamais été appelés à la succession de leur père. Nous croyons avoir dissipé le doute qui s'est élevé à cet égard, et démontré qu'à l'époque classique les *liberi naturales* eux-mêmes n'y avaient aucun droit. C'est Justinien qui, le premier, fit de l'enfant naturel

l'héritier *ab intestat* de son père (8, C. 5. 27 ; nov.
18, ch. 5 ; nov. 89, ch. 12). Les conditions et l'é-
tendue de cette vocation furent réglées avec prudence. Les *liberi naturales* purent seuls prétendre à
une portion de l'héritage paternel, et seulement en
l'absence d'épouse et de postérité légitime du défunt. On leur attribuait seulement deux douzièmes
de la succession, qu'ils devaient partager avec leur
mère, si elle existait encore. Quand le père naturel
laissait des enfants ou une épouse légitime, les *liberi
naturales* ne pouvaient réclamer aucune part de ses
biens, mais les héritiers du défunt devaient assurer
leur subsistance (nov. 89, ch. 12, § 6). Par une
juste réciprocité, l'empereur appelle le père naturel
à la succession de son fils, qui est également tenu envers lui d'une obligation alimentaire (nov. 89, ch. 13).

Aucun texte ne nous indique si les bâtards
avaient une réserve dans la succession de leur père.

Le rapport entre l'enfant naturel et son père tel
que Justinien l'a établi, était, remarquons-le, purement individuel : aucun lien n'unissait le bâtard à la
famille paternelle, et il ne pouvait pas plus venir à
la succession de son aïeul que celui-ci ne pouvait
prétendre à la sienne (12, C. 5. 27 *in fine*).

Justinien voulut du moins lui ouvrir aussi grande
que possible la porte de cette famille. Toutefois il
ne lui permit pas d'y entrer par l'adoption et con-
firma les dispositions de Justin à cet égard. Ce mode

ne pouvait subsister à côté de la légitimation par mariage qui, désormais établie d'une manière permanente, permettait d'arriver au même résultat par une voie plus honnête. Mais dans le cas où les justes noces étaient impossibles, l'empereur imagina une légitimation par rescrit du prince qui ne différait guère de l'adrogation que par le nom.

La légitimation par mariage, qui avait déjà fait trois courtes apparitions dans la législation romaine, devient à notre époque une institution durable. Justinien ne consacra pas moins de cinq constitutions à en fixer les règles et à trancher les controverses qu'en soulevait l'application (10 et 11, C. 5. 27; nov. 12, ch. 4; nov. 19; nov. 89, ch. 8). Il poursuivait ainsi la réalisation partielle de la double tâche qu'il s'était proposée : rendre aux esclaves la liberté et la légitimité aux bâtards (nov. 89, préambule).

Pour que cette légitimation eût lieu, le mariage valablement contracté du père et de la mère ne suffisait pas; il fallait qu'au moment de la conception, il n'existât aucun obstacle aux justes noces des deux parents (Inst. I. 10, § 13). Donc, point de légitimation possible au profit des enfants adultérins ou incestueux, au profit d'un enfant né d'un juif et d'une chrétienne ou d'une esclave et d'une personne libre. Les textes paraissent également exiger la rédaction d'un *instrumentum dotale*, formalité

fréquente en pratique, mais d'où ne dépendait pas
la validité du mariage. Cette exigence particulière
se justifierait par le désir de rendre bien mani-
feste la transformation du concubinat en mariage.
A ces deux conditions s'en ajoutait une troisième,
qui dérivait des principes mêmes du droit, je veux
dire le consentement de l'enfant naturel : qu'il s'a-
gisse d'adoption ou de légitimation, nulle personne
sui juris ne tombe contre son gré sous la puissance
d'autrui. Quand une même personne a plusieurs
liberi naturales, libre aux uns d'accepter la légitimation qui leur est offerte, libre aux autres de la refuser et de conserver leur ancienne condition (nov.
89, ch. 11, § 1). Le consentement exprès de l'intéressé était-il nécessaire, ou suffirait-il qu'il ne ma-
nifestât pas d'opposition au projet paternel ? La
question présente de l'intérêt lorsque les circonstances ne permettent pas à l'enfant naturel de faire
connaître sa volonté. Exiger une adhésion formelle,
c'était rendre impossible la légitimation de l'absent
et du fou. Nous préférons à cette doctrine qui pourrait dans une certaine mesure invoquer les termes
de la novelle 89, celle qui applique ici l'adage :
« Qui ne dit mot consent ». Cette dernière solution,
plus pratique et plus humaine, paraît justifiée par
les textes qui étendent le bénéfice de la légitimation
aux enfants simplement conçus lors du mariage (II,
C. 5. 27). — Ces trois conditions réunies, la légiti-

mation s'opérait toujours, que la mère fut ingénue ou affranchie, qu'il y eût ou non des enfants légitimes issus d'un mariage antérieur, qu'il naquît ou non des enfants de l'union devenue régulière. Toutefois, dans une hypothèse exceptionnelle, on n'exigeait pas l'une des conditions que nous avons indiquées, et par contre, l'on imposait une condition spéciale : dans la novelle 78, Justinien autorisa le maître à légitimer les enfants qu'il aurait eus de son esclave, en affranchissant, puis en épousant leur mère. Il favorisait ainsi les bâtards nés du *contubernium*, que le droit commun ne permettait pas de légitimer, puisque à l'époque de leur conception, leurs parents n'auraient pu contracter mariage ; mais par une seconde dérogation au droit commun, il ne leur accorda cette faveur que si le père n'avait pas d'enfants légitimes (nov. 78, ch. 4).

Cette légitimation par mariage produisait les effets les plus étendus. L'enfant légitimé tombait en puissance et acquérait, soit à l'égard de son père soit à l'égard de la famille paternelle, les mêmes droits qu'un enfant légitime.

Rien de plus moral que de subordonner la réhabilitation à la réparation de la faute. Mais cette réparation n'était pas toujours à la portée des coupables. Que la concubine vînt à mourir où à disparaître, qu'elle entrât dans un couvent, il devenait impossible de l'épouser ; qu'elle tombât dans le désordre et se perdit de réputation, un honnête homme ne pouvait plus songer à lui donner son nom. Le père qui voulait légitimer les enfants qu'il avait d'elle, devait-il renoncer à son projet, parce que les circonstances de fait ou les convenances l'empêchaient d'épouser cette femme ? L'adoption en pareil cas ne présentait plus d'inconvénients et offrait de sérieux avantages. Justin l'avait prohibée d'une manière générale et son fils ne voulut pas la rétablir ouvertement ; mais il imagina, pour la remplacer, une institution, connue sous le nom de légitimation par rescrit du prince qui n'en différait guère, soit par la forme, soit par les conditions, soit par les effets. Comme l'adrogation, cette légitimation s'opère *auctoritate imperatoris*. C'est une faveur que le père supplie l'empereur de lui accorder. Comme l'adrogation, notre légitimation suppose le consentement des intéressés ainsi que l'absence d'enfants légitimes. Comme l'adrogation, et comme l'adoption par mariage d'ailleurs, le mode nouvellement conçu par Justinien, donne aux enfants dans toute leur plénitude les droits résultant de la filiation *ex justis nuptiis*.

Pourrait-on légitimer de la sorte des enfants conçus à une époque où il existait des obstacles légaux au mariage de leurs parents ? Nous n'hésitons pas à trancher cette question par la négative : comment admettre la légitimation par rescrit dans une hypothèse où la légitimation par mariage, ce

mode plus favorable, était prohibée? Les termes de
la Novelle 74, ch. I, qui ont fait naître quelques
doutes à cet égard, peuvent très-facilement se concilier avec notre doctrine. Parmi les applications de
la légitimation par rescrit, ce texte indique l'hypothèse où un obstacle légal s'oppose aux justes noces.
Or cet obstacle qui existe, par hypothèse, au moment
où le père désire légitimer ses enfants, peut fort bien
n'avoir pas existé lors de la conception : tel serait
le cas prévu dans la Novelle 89, où, depuis cette époque, l'un des parents est entré dans les ordres religieux ; tel serait encore le cas où depuis le jour de
la conception, la femme, jadis libre, est devenue esclave ou de chrétienne s'est faite juive.

Lorsque le père mourait avant d'avoir légitimé
ses enfants naturels, mais exprimait dans son testament l'intention où il était de les avoir pour légitimes, ces enfants pouvaient s'adresser eux-mêmes à
l'empereur et obtenir de lui un rescrit de légitimation. On a vu là parfois, mais à tort, un mode de
légitimation particulier s'opérant par testament ; en
réalité ce n'est pas le testament qui légitime, c'est
toujours la décision impériale, et il n'y a ici qu'une
variété de la légitimation par rescrit (Nov. 74, ch. II,
§ 1, et Nov. 89, ch. X).

Une louable sollicitude pour les bâtards avait
seule inspiré à Justinien les deux modes de légitimation que nous venons d'étudier ; les nécessités

fiscales le forcèrent à maintenir le troisième, que ses prédécesseurs avaient conçu dans l'unique intérêt du trésor. Il allait même en élargir l'application et en perfectionner le mécanisme. Pour avoir le droit d'offrir ses enfants à la curie, il fallait jadis que le père n'eût point de postérité légitime. En principe Justinien supprima cette condition. Il permit en outre au bâtard de s'offrir lui-même à la curie dans le cas où son père mourait sans descendants nés du mariage. Enfin il décida, mais encore en l'absence de postérité légitime, que ce mode de légitimation s'appliquerait même aux enfants issus d'une esclave, pourvu que le père fût lui-même décurion (Nov. 89, ch. 2). Le consentement des *liberi naturales* était nécessaire conformément au principe général. L'enfant offert à la curie ne devenait pas, comme dans les autres modes de légitimation, l'égal d'un fils légitime. Il tombait sous la puissance de son père, mais restait un étranger pour les parents de celui-ci. Les effets de l'oblation variaient suivant que le père avait ou non des enfants légitimes. En présence de *liberi justi*, les droits du bâtard ainsi légitimé recevaient une restriction notable : il ne pouvait jamais recueillir dans la succession de son auteur, même à titre de libéralité, une part supérieure à celle de l'enfant légitime le moins prenant (9, § 3, C. 5, 27, et Nov. 89, ch. 3). En l'absence de postérité légitime, non seulement il était appelé à défaut de testament à l'intégralité de cette succession, mais il s'en voyait attribuer les trois quarts à titre de réserve (Nov. 89, ch. 6),et cela même dans l'hypothèse où il s'offrait à la curie de son propre mouvement, après la mort de son père.

Autant Justinien montrait d'humanité envers les enfants issus du concubinat, autant il déploya de rigueur contre ceux qui devaient le jour à des relations illicites.

Dans une constitution de l'année 530 qui interdit le mariage aux prêtres, aux diacres et aux sous-diacres, il défendit à celui qui deviendrait père à la suite d'une telle union, de transmettre à ses enfants à quelque titre que ce fût la moindre portion de son patrimoine, infligeant à ses fils les incapacités qui frappaient depuis Arcadius les bâtards nés de mariages prohibés (44, C. 1, 3).

Dans une novelle consacrée aux mariages incestueux et illicites, il prononça la peine de la confiscation totale contre celui qui contracterait de pareilles noces. Toute la fortune du coupable était immédiatement acquise à ses enfants légitimes, s'il en avait, au fisc, s'il n'en avait pas. La même peine atteignait la femme, qui avait violé la loi en connaissance de cause (*si quum legem sciret eam neglexerit*) (Nov. 12). Ceux qui devaient le jour à ces liaisons criminelles, ne pouvaient jamais, par conséquent, recueillir aucune part des biens paternels.

et la fortune de leur mère leur échappait aussi le plus souvent.

Mais nous trouvons dans la novelle 89 une disposition d'un caractère beaucoup plus général (nov. 89, ch. 15). Statuant à l'égard de tous les enfants issus d'une union illicite (*ex nefariis, vel incestis, vel damnatis complexibus*), il les déclare indignes du nom de *liberi naturales* et leur refuse tous les droits qu'il vient de reconnaître aux enfants du concubinat : pour eux, point de légitimation, pas de vocation à la succession de leur père, aucun droit même à des aliments, incapacité absolue de recevoir aucune libéralité paternelle.

Plaçons maintenant l'enfant naturel en présence de sa mère.

Aux derniers siècles de l'Empire, nous retrouvons encore en vigueur le principe que nous avons vu s'introduire dans la législation romaine, au temps où le préteur consacrait les premiers droits de la *cognatio* : égalité parfaite des bâtards et des enfants légitimes devant la mère. Au profit des uns comme des autres s'achève, sous le règne de Justinien, le triomphe complet de la parenté naturelle sur la parenté civile. Même à notre époque, il ne peut donc être question de légitimation dans les rapports de la concubine et de son fils, puisque celui-ci a dans sa famille maternelle les mêmes droits que s'il était né de justes noces.

L'enfant né hors mariage a toujours même capacité que l'enfant légitimé, pour recueillir toutes libéralités entre-vifs ou à cause de mort soit de sa mère,
soit des parents de sa mère. Nous n'avons donc à
nous occuper que de la succession *ab intestat* et nous
voudrions en un bref tableau exposer d'une part les
droits héréditaires de l'enfant naturel dans sa famille maternelle, et indiquer d'autre part les héritiers qui recueillaient ses biens, quand il venait à
mourir lui-même.

En ligne directe, les bâtards viennent à la succession de leur mère, par préférence à tous ascendants,
en concours avec les descendants légitimes. Ils recueillent de même par préférence à tous ascendants
l'hérédité de leurs grands parents maternels, quand
leur mère est prédécédée. En présence d'agnats, ils
ne prenaient autrefois que les 3/4 de la part qui
aurait appartenu à leur mère; en présence d'héritiers siens les 2/3. Ces deux restrictions dispa-
raissent : les Instituts mentionnent la suppression
de la première ; la seconde ne devait pas survivre à
la novelle 118. Dans une constitution de l'année
118 (12, C. 6. 55). Justinien consacre leurs droits
dans les successions de leurs bisaïeuls et de leurs
ascendants plus éloignés encore. Enfin ils succèdent
à leurs enfants qui meurent avant eux sans postérité.

En ligne collatérale, ils viennent à la succession

de leur frère naturel en concours avec leurs frères
légitimes ; recueillent celle de leur frère légitime,
en l'absence de frères consanguins de ce dernier,
mais se trouvent exclus par les frères consanguins
en vertu du privilège du double lien. De même, à
l'égard de tous autres collatéraux maternels, il n'e-
xiste aucune différence entre leurs droits héréditaires
et ceux des descendants *ex justis nuptiis*, mais le
privilège du double lien assurera parfois à ces derniers la préférence.

Les enfants naturels laissent pour héritiers en
premier ordre leurs descendants ; à défaut de postérité, ils n'ont dans la ligne paternelle pas d'autre
successeur que leur père ; celui-ci a droit comme
nous l'avons dit à deux douzièmes de l'hérédité. Les
dix autres douzièmes, et l'hérédité tout entière, si
le père est mort, reviennent à la mère du défunt
ou à ses parents maternels et la dévolution s'o-
père alors conformément aux règles du droit commun.

Sous Justinien, comme jadis en droit classique,
les bâtards suivent la condition de leur mère, et de
ce principe dérivent toujours les mêmes conséquences relativement à la condition libre ou servile
de l'enfant et à sa nationalité originaire. Il en faut
déduire aussi qu'il naît hors la puissance paternelle,
d'où la nécessité de lui nommer un tuteur, puis un
curateur. Les règles relatives à l'organisation de

cette tutelle et de cette curatelle n'ont pas changé depuis l'avènement du christianisme. Justinien fut pourtant ici l'auteur d'une très-remarquable réforme. Quand le père naturel mourait, laissant à ses enfants tout ou partie de sa fortune, et sans leur désigner un tuteur, il permit à la mère de demander la tutelle au magistrat, qui devait la lui accorder, pourvu qu'elle s'engageât à ne pas se remarier, et renonçât au bénéfice du sénatus-consulte Velléien.

Nous avons dit que, même sous Justinien, subsistait encore la règle d'après laquelle tous les enfants, sans distinction d'origine, avaient les mêmes droits à l'égard de leur mère. Ce principe comportait cependant quelques exceptions, et les enfants issus d'unions condamnables étaient l'objet de rigueurs particulières.

Aux termes d'une constitution de l'année 529 (5, C. 6. 57), Justinien déclara les *spurii*, nés d'une *mulier illustris*, laquelle avait aussi des enfants légitimes, il les déclara, dis-je, incapables de rien recevoir de leur mère, soit par donation entre-vifs soit par testament. Quelle portée devons-nous attribuer à cette expression de *spurii* ? Si l'on en croit M. Gide, ce terme désignerait tous les enfants naturels de la *mulier illustris* ; il résulterait de notre texte que dans le dernier état du droit romain, le concubinat n'était plus permis à la matrone de haut rang, et que toute union illégitime constituait un *stuprum* pour la grande dame, astreinte par sa qualité même à des mœurs irréprochables. La loi qui nous occupe, n'établit pas assez clairement l'interdiction du concubinat aux femmes d'une classe supérieure, pour que nous puissions l'admettre sans témérité. Elle a pour objet de trancher la question suivante : le *spurius* d'une *mulier illustris* en présence d'enfants légitimes peut-il prétendre des droits sur les biens maternels ? Aucun, est-il répondu ; mais, ajoute le texte, les enfants d'une concubine peuvent sans difficulté, venir à la succession de leur mère en concours avec des enfants légitimes. Dans cette dernière phrase de notre constitution, comme dans les premières, il s'agit toujours, à notre avis, des *mulieres illustres* et de leur postérité. Il y a donc entre les enfants du concubinat et les *spurii* une opposition qui éclaire le sens de cette dernière expression, et voici la solution qui nous paraît la meilleure : quand une *mulier illustris* laisse des enfants légitimes, les enfants qu'elle a eus du concubinat sont les seuls enfants illégitimes qui puissent recueillir partie de ses biens à titre d'héritiers, de légataires ou de donataires. Une incapacité totale d'hériter ou de recevoir frapperait tous les autres, c'est-à-dire non seulement les bâtards nés du *stuprum*, mais encore ceux qui doivent le jour à des relations même licites, ne présentant pas la stabilité du concubinat, en un mot tous les enfants qui n'ont pas de père certain *(spurius cui pater incertus sit)*. A ceux-là, remarquons-le, pourvu qu'ils ne fûssent pas les fruits d'un mariage prohibé, une femme de condition inférieure pourrait fort bien transmettre une partie de son patrimoine, eût-elle même une postérité légitime; mais le législateur exige plus de vertu d'une matrone de qualité. Toutefois, en l'absence d'héritiers légitimes, elle conserve la faculté de laisser à ces bâtards sa fortune tout entière,

A côté de cette disposition particulière aux enfants naturels de la *mulier illustris*, le dernier chapitre de la novelle 89, applicable dans les rapports du bâtard avec sa mère aussi bien qu'avec son père, refusait même des aliments aux malheureux nés d'unions illicites, « *ex nefariis, incertis, vel damnatis complexibus* ».

Le principe d'égalité de tous les enfants vis-à-vis de leur mère ne souffrait que ces exceptions d'une portée assez restreinte, et l'on peut dire que si la distinction entre la maternité légitime et la maternité naturelle n'est pas étrangère à la législation romaine, elle n'y apparut que fort tard pour y demeurer à l'état rudimentaire.

La législation de Justinien, en ce qui touche les bâtards, marque un progrès sensible sur le droit antérieur. Elle devait se maintenir sans modifications durant plus de trois siècles. A cette époque, c'est-à-

dire vers la fin du IXe siècle, sous l'influence de
l'Eglise, qui n'avait cessé de combattre les unions
illégitimes, un empereur byzantin, Léon VI le Philo-
sophe, abolit le concubinat. La novelle, qui opéra
cette réforme, est fort brève, et ne s'explique point
au sujet de l'enfant naturel. Conserva-t-il les droits
que Justinien lui avait conférés? C'est l'opinion de
M. Gide, mais non celle de tous les interprètes.

Le droit canon reconnut même aux enfants adultérins et incestueux la faculté de demander des aliments à leurs parents. Mais son esprit général fut
hostile aux bâtards. Tel fut aussi le caractère des
coutumes barbares ; autant les Germains entou-
raient de respect et de vénération l'épouse légitime,
autant ils se montraient impitoyables pour les désordres de la femme. Sous la double influence du
droit canonique et des coutumes germaines, la législation de notre ancienne France devait déployer
contre les bâtards une rigueur, que n'avait connue
ni le droit classique de Rome ni le droit de Justinien.

DE LA CONDITION DES ENFANTS

NÉS HORS MARIAGE

INTRODUCTION

Nous avons vu l'influence profonde qu'exerça le christianisme sur la condition de l'enfant naturel dans la législation romaine : la révolution française a marqué aussi fortement son empreinte sur cette partie de notre droit, et le constraste ici n'est pas moins frappant entre nos lois actuelles et celles de notre ancienne France, qu'entre les novelles de Justinien et les dispositions du Digeste. Qu'il s'agisse de la preuve de la filiation illégitime ou des effets qui en dérivent, l'esprit du Code est presque l'inverse de celui qui anime la jurisprudence du XVIIIᵉ siècle ; l'imprudence vraiment scandaleuse, avec laquelle notre ancien droit accueillait et réglait la recherche de la parenté naturelle, a fait place à une timidité, que beaucoup de bons esprits jugent excessive ; et, tandis que le bâtard était jadis l'objet d'une rigueur, à nos yeux presque inhumaine, l'enfant illégitime jouit aujourd'hui chez nous de droit considérables, que certains publicistes trouvent encore insuffisants, mais tels cependant que peu de législateurs modernes osent lui en reconnaître de plus étendus. Cette double réaction n'a point son origine dans le Code civil, œuvre d'esprits sages, qui ne prétendaient pas, on le sait, au titre de novateurs ; mais nous la voyons se manifester avec une singulière violence dès la chute de l'ancien régime. Nous voudrions étudier de près l'évolution qui se produisit alors dans cette intéressante partie du droit de famille ; en rechercher les causes ; retracer le mouvement d'idées, qui se fit autour de l'enfant naturel, durant les quinze années qui séparent l'ancienne législation de la nouvelle ; rappeler enfin les lois éphémères, qui furent en vigueur au cours de cette période. Les dispositions quelque peu laconiques et obscures du code civil s'éclaireront peut-être à la lumière des règles qui l'ont précédé ; et, puisque cette partie de notre droit est une de celles qui soulèvent les plus violentes critiques, puisque le Sénat et la Chambre voient tour à tour déposer à leur bureau des propositions de réformes, n'est ce pas l'histoire qui nous instruira le mieux sur la valeur de nos lois actuelles et sur les améliorations qu'il convient d'y apporter ?

CHAPITRE I

CONDITION DES BATARDS A LA FIN DE L'ANCIEN RÉGIME
ET APPRÉCIATION DES RÈGLES ALORS EN VIGUEUR
PAR LES CONTEMPORAINS.

A la veille de la Révolution, la législation applicable aux bâtards présentait en France un double caractère : la filiation naturelle, tant à l'égard du père que de la mère, pouvait s'y établir sans difficulté ; mais l'enfant illégitime se voyait traiter avec une grande rigueur.

Les coutumes n'avaient pas réglementé la preuve de la filiation irrégulière ; aucune ordonnance royale n'était venue combler cette lacune, et la matière restait du domaine de la jurisprudence. L'uniformité n'était pas ici plus qu'ailleurs la qualité distinctive de notre ancien droit, mais voici les règles le plus généralement admises.

La preuve de la maternité était de tous points soumise au droit commun ; elle devait souvent en pratique résulter d'un acte de baptême, où se trouvait mentionné le nom de la mère ; on pouvait l'établir encore au moyen d'une reconnaissance, acte qui valait à cette époque indépendamment de toute

formalité : c'était notamment une reconnaissance
que cette déclaration de grossesse et d'enfantement,
que prescrivait aux femmes une ordonnance de
Henri II, maintes fois publiée jusqu'au XVIIIe siècle, mais toujours mal obéie. La possession d'état,
véritable reconnaissance tacite, chaque jour renouvelée, avait la même valeur. Enfin la recherche judiciaire de la maternité s'ouvrait, sans restrictions
particulières, à tout intéressé.

S'agit-il du fait mystérieux de la paternité, nous
constatons avec quelque surprise la même facilité
de preuve : la reconnaissance, par acte authentique
ou par acte sous-seings privés, ou même purement
verbale, suffisait à démontrer la filiation paternelle ;
de même la possession d'état. La recherche judiciaire de la paternité était admise avec la plus
grande latitude, et les dérogations au droit commun
qu'on y rencontre, loin d'en gêner l'exercice, en
rendaient le succès moins malaisé. Dans la rigueur
des principes c'est au demandeur à prouver les
faits qu'il allègue : est-il question de la paternité,
une double preuve lui incombe, celle des relations
du prétendu père avec la mère de l'enfant, et celle
de la fidélité de cette femme durant toute la période
où la conception a pu se produire. Notre ancien
droit le dispensait de la seconde, qu'il n'aurait presque jamais pu fournir, et rejetait sur le défendeur
la charge d'établir que la femme connaissait d'au-

tres hommes à la même époque. La *fréquentation* prouvée, il en résultait une présomption de paternité qui tombait seulement devant l'*exception d'inconduite*. Le juge avait d'ailleurs le plus large pouvoir discrétionnaire, soit quant à la nature, soit quant à la justification des faits d'où il prétendait induire la filiation.

La paternité, établie suivant ces règles, entraînait toutes les conséquences, que nous exposerons tout à l'heure. Mais, s'agissait-il d'une condamnation provisoire aux frais de *gésine* et à l'entretien de l'enfant, les tribunaux, dans le désir d'éviter à la paroisse l'avance de ces charges, n'exigeaient pas une preuve aussi rigoureuse : celui qu'une fille enceinte avait désigné comme l'auteur de sa grossesse, se voyait, sur cette simple déclaration, condamner à payer à la mère et à l'enfant une provision, qui lui était d'ailleurs restituée, si l'on ne parvenait pas à démontrer plus tard sa paternité d'une manière plus certaine. Là se bornait la portée généralement reconnue à la fameuse maxime du président Favre : « *Virgini creditur juranti se ab aliquo cognitam....* »

Le système, que nous venons d'exposer relativement à la recherche du père, était communément, mais non pas universellement suivi. Cette matière ainsi que l'atteste Fournel (1) était livrée à l'arbi-

1. Fournel, *Traité de la séduction*, p. 138.

traire. Certains tribunaux, avec une admirable cré-
dulité, accordaient à la déclaration de la fille la valeur d'une semi-preuve ou même d'une preuve complète de la paternité (1) ; d'autres, désireux avant
tout de *donner un père à l'enfant*, recouraient à la
maxime du président Favre pour fixer leur choix,
lorsque plusieurs étaient convaincus d'avoir fré-
quenté la mère à l'époque de la conception, et at-
tribuaient le titre de père à l'individu qu'elle avait
désigné comme l'auteur de sa grossesse (2) ; un arrêt enfin qui mérite d'être signalé condamne soli-
dairement à se charger du bâtard les quatre amants
de la mère (3).

Il y avait parfois lieu jadis de se demander si un
enfant était légitime ou naturel, indépendamment
de toute filiation à l'égard d'une personne déterminée. La preuve à fournir dans cette hypothèse soulevait de graves difficultés quand il s'agissait d'enfants abandonnés : la jurisprudence adoptant la solution la plus humaine, mais non la plus vraisemblable, les réputait nés du mariage. L'intérêt de la
question tenait à ce que notre ancien droit faisait à
l'enfant illégitime une situation inférieure, non seu-

1. Recueil de Denizart au mot *Grossesse.*
2. Arrêt de la Tournelle criminelle du 18 février 1679, cité
par Fournel (voir pages 119 à 122).
3. Arrêt du Parlement de Paris du 25 février 1661 (Bas-
set, 1, livre IV, t. II, ch. III.

lement dans la famille, mais encore dans la société.

Dans la sphère du droit public, la qualité de bâtard entraînait certaines conséquences défavorables, en ce qui touche la transmission de la noblesse et l'aptitude aux fonctions publiques. Une ordonnance de Henri IV, renouvelée par Louis XIII en 1629 (art. 197), rangeait les enfants naturels de nobles parmi les roturiers ; mais l'usage avait apporté à cette règle de notables restrictions : les bâtards des simples gentilshommes payèrent la taille, mais les fils reconnus des princes et des grands continuèrent à porter les armes de leurs pères barrées à gauche, et à jouir de tous les privilèges attachés à la noblesse. Une incapacité d'un caractère plus général excluait les bâtards de tous les offices et dignités de robe ou d'épée : c'était du moins, dans le silence des coutumes, la doctrine de plusieurs jurisconsultes, et d'Aguesseau lui-même paraît s'y rallier. « Les coutumes, nous dit-il (1), ne décident point à la « vérité s'ils sont capables de posséder des digni- « tés et des offices de robe et d'épée ; c'est pour- « quoi la question est fort controversée. Plusieurs « personnes habiles croient que, puisqu'il n'y a ni « loi, ni ordonnance, ni coutume qui déclare les « bâtards incapables de posséder des offices avant

______

1. D'Aguesseau, *Dissertation sur les bâtards* (*OEuvres*, t. 7, p. 419.

« leur légitimation, on ne doit pas leur envier ce
« droit, d'autant plus même que Bacquet, dans son
« *Traité du droit de bâtardise*, et Legrand convien-
« nent que l'usage est sur ce point favorable aux
« bâtards. — Cependant, M. Lebret et Chopin les
« regardent comme incapables de posséder des of-
« fices avant leur légitimation, puisqu'ils décident
« l'un et l'autre que cette légitimation donne aux
« bâtards la capacité de posséder des offices, et que
« même Bacquet et Legrand attribuent le même
« effet à la légitimation, quoi qu'ils demeurent
« d'accord que l'usage est favorable aux bâtards,
« bien qu'ils ne soient pas légitimés. — Cette ques-
« tion ayant été agitée dans une conférence célèbre,
« un grand magistrat fut d'avis que les bâtards
« étaient avant leur légitimation incapables de pos-
« séder des offices aussi bien que des bénéfices et
« qu'on devrait même les obliger de s'en défaire,
« s'ils en avaient été pourvus, avant que leur état
« fût connu. »

Ce qui n'est pas douteux, c'est que la bâtardise
formait un obstacle aux ministères et aux dignités
ecclésiastiques.

Dans le domaine du droit privé, la qualité d'enfant naturel engendrait moins de droits que d'incapacités. « Le bâtard, disait-on, n'appartient à aucune famille » (1). On lui reconnaissait toutefois à

1. Pothier, t. 9, p. 45 (édition de M. Bugnet).

l'égard de ses auteurs le droit aux aliments et à l'é-
ducation. Ses parents devaient pourvoir à son entretien, le faire élever dans la religion catholique,
et lui enseigner un métier pour le mettre en état de
gagner sa vie : l'influence du droit canonique avait
fait admettre cette obligation même au profit des
enfants adultérins et incestueux. La charge de la
nourriture et de l'éducation incombait de préférence
au père, et ne pesait sur la mère que s'il était inconnu ou insolvable ; au contraire, la garde et la
surveillance du bâtard était généralement confiées
à la mère, bien qu'il n'existât pas à cet égard de
règle absolue.

L'enfant naturel pouvait encore porter le nom de
celui de ses auteurs, vis-à-vis duquel sa filiation
était constatée ; si l'un et l'autre l'avaient reconnu,
il avait le choix entre le nom de son père et celui
de sa mère, et pouvait même les joindre, pour se
les appliquer tous deux ensemble.

Là s'arrêtaient ses droits. Aux termes de la plupart des coutumes, il ne succédait ni à son père ni
à sa mère, et cela même en l'absence de postérité
légitime. Il n'héritait que de ses descendants nés du
mariage, et à l'inverse n'avait pas d'autres héritiers. Toutefois, la jurisprudence, en imitation de
la *bonorum possessio unde vir et uxor* du droit romain, avait admis une vocation réciproque du bâtard et de son conjoint à défaut d'enfants légiti-

mes. Quelques rares coutumes du midi et du nord appelaient le bâtard à la succession de sa mère et de ses parents maternels, mais la tradition romaine, qui les inspirait visiblement, était généralement abandonnée dans les pays de droit écrit. La succession de l'enfant naturel, décédé sans héritiers, revenait jadis au seigneur par droit de bâtardise ; mais au XVIII° siècle, le roi avait presque entièrement reconquis ce droit fructueux, et le seigneur n'y pouvait plus prétendre que si le défunt, né sur le territoire du fief, y avait toujours maintenu son domicile jusqu'à sa mort.

L'incapacité de succéder constitue par elle même une déchéance très réelle : c'était la seule qui frappât le bâtard à l'égard de ses collatéraux. Mais notre ancien droit l'avait jugée insuffisante dans les rapports de l'enfant avec ses auteurs et même, après controverse, avec ses aïeuls, quand ces derniers avaient des parents légitimes. On la renforçait alors par une incapacité de recevoir à titre gratuit, dont l'étendue variait avec le vice de la naissance. Les bâtards simples ne pouvaient aucunement recueillir les dons ou legs universels de leurs père et mère ou de leurs grands parents ; quant aux dispositions à titre particulier, ils n'en profitaient que, dans une certaine mesure laissée à l'appréciation du juge : excessives, on les réduisait, mais les tribunaux se montraient assez larges pour le maintien de ces libéralités. Les enfants incestueux et adultérins étaient l'objet d'une rigueur plus grande, et ne pouvaient recevoir que des aliments.

Pour relever le bâtard des diverses incapacités qui le frappaient, il existait dans l'ancien droit plusieurs espèces de légitimation.

La première, la seule qui mérite ce nom par la plénitude de ses effets, s'opérait « *par la seule force et efficace* » du mariage contracté par les père et mère. Le droit canonique en déterminait les conditions et les effets. La reconnaissance préalable et solennelle du bâtard, anciennement exigée, n'était plus nécessaire au siècle de Pothier. Pour que la légitimation se produisît, il suffisait, d'après le droit canon, qu'il n'eût existé aucun obstacle au mariage lors de la conception de l'enfant ; mais une ordonnance de Louis XIII, privant des « *effets civils* », le mariage clandestin et le mariage contracté *in extremis*, enlevait aux unions de ce genre le pouvoir de légitimer. Le jour du mariage, l'enfant perdait la qualité de bâtard, et entrait dans la famille de ses père et mère, où il acquérait tous les droits d'un légitime descendant.

La légitimation *par lettres patentes du roi* rappelait par sa forme plutôt que par ses effets la légitimation *per rescriptum principis* du droit romain. On l'admettait même au profit des bâtards adultérins ou incestueux et c'est ainsi que Louis XIV put légitimer les enfants doublement adultérins que lui avait donnés Mme de Montespan. Celui qui en bénéficiait recouvrait l'aptitude complète aux honneurs et dignités, et s'il était noble, fût-il fils d'un simple gentilhomme, avait le droit de porter les armes de sa maison avec une brisûre de gauche à droite. A l'époque où nous nous plaçons, ce mode n'entraînait aucune autre conséquence.

La légitimation *par lettres épiscopales* ne produisait de même que des effets restreints, et s'adaptait spécialement aux infériorités sociales que l'Église infligeait aux bâtards. La délivrance de pareilles lettres ouvrait à l'enfant naturel l'accès des ordres et des bénéfices ecclésiastiques.

Ce bref tableau suffit à mettre en lumière les principaux vices d'une législation facile sans mesure ou rigoureuse à l'excès. L'application du droit commun à la preuve de la filiation naturelle présente les plus graves dangers. Quand il s'agit d'établir la maternité, fait d'une constatation relativement aisée, on peut encore préférer ce système à une réglementation trop sévère qui, pour éviter un petit nombre de procès vexatoires, priverait de leur mère une multitude d'enfants. Mais soumettre sans la moindre restriction aux principes généraux de la preuve ou même à des règles encore moins rigoureuses, la démonstration de la paternité naturelle, c'est-à-dire du fait le plus mystérieux sur lequel un

juge puisse être appelé à se prononcer, c'est donner
un libre cours aux allégations les plus mensongères,
c'est favoriser le chantage et les calculs les plus
éhontés, c'est ouvrir la porte à tous les scandales.
Nul n'oserait aujourd'hui préconiser un pareil système, et ceux-là même qui réclament le plus énergiquement la recherche de la paternité, en subor-
donnent au moins l'admission à l'existence d'indices
graves ou d'un commencement de preuve par écrit.
Que penser enfin de la maxime du président Fabre?
Les historiens en ont souvent exagéré la portée, mais
aucun ne l'a jugée trop sévèrement : les considérations fiscales qui firent imaginer au Bas Empire romain l'oblation à la curie, n'inspirèrent jamais de
règle plus inique.

A une filiation qui s'établissait de la sorte, on ne
pouvait sans folie attacher des effets étendus. En
assurant pour tout droit au bâtard des aliments,
c'est-à-dire le droit à la vie, nos lois se conformaient
à peine à la plus stricte humanité. Il était bien dur
d'enlever à un enfant l'intégralité de la succession
paternelle ou maternelle au profit d'un arrière-petit
cousin ou même du trésor royal ; bien dur aussi,
puisqu'on ne lui reconnaissait pas de famille, de lui
infliger des incapacités à l'égard de ses parents : la
législation anglaise qui a conservé le principe de
notre ancien droit, et considère le bâtard comme un
étranger par rapport à ses auteurs, l'autorise du

moins très logiquement à recueillir les libéralités de ses père et mère. Enfin l'infériorité sociale de l'enfant illégitime était odieuse comme toutes les inégalités fondées sur la naissance.

Une bonne loi sur les enfants naturels doit tendre à réduire leur nombre le plus possible, tout en leur assurant la meilleure situation : celle de notre ancienne France ne satisfaisait à aucune de ces deux conditions : le sort du bâtard y était misérable, sans profit pour les mœurs, car la facilité déplorable avec laquelle on admettait la preuve de la paternité favorisait la corruption des femmes.

Cette législation défectueuse n'avait pourtant pas soulevé chez les contemporains la réprobation qu'elle méritait : ils n'avaient, semble-t-il, ressenti qu'une partie des vices que nous venons de signaler, ceux qui se rapportaient à la preuve de la filiation naturelle. Dans un procès fameux qui eut lieu vers l'an 1770 devant le Parlement de Grenoble, l'avocat général Servan, prononça un éloquent plaidoyer, où il se fit l'écho des protestations publiques. Il s'agissait d'une fille de quinze ans qui avait déclaré comme auteur de sa grossesse son maître de danse « homme presque sexagénaire, privé d'un œil et estropié d'une jambe, en un mot disgrâcié de la nature au point qu'il paraissait aussi peu propre à l'amour qu'à la danse. » Servan, qui prit la parole comme organe

du ministère public, s'éleva surtout avec une grande
force contre la maxime *creditur virgini*. « Souffrirons-
« nous, disait-il, que le public soit plus juste que
« nous ? Il tourne en dérision ces *déclarations* dont
« il connaît la valeur, et c'est aujourd'hui dans
« le monde une maxime contraire à celle du pré-
« sident Fabre, que le père désigné par une fille
« enceinte est le plus malheureux, mais rare-
« ment le plus coupable. » Esprit généreux, pro-
fondément convaincu de la bonté de la cause
qu'il venait de défendre, il crut plus tard faire œuvre utile en publiant son plaidoyer sous le voile de
l'anonyme, et nous lisons dans l'avant-propos qu'il
mit en tête de l'ouvrage : « Nous avons surtout plu-
« sieurs de nos grandes villes où l'effronterie des
« filles du bas-ordre a fait de ces déclarations un
« fléau public. On les a vues se former de leur fé-
« condité un commerce d'un nouveau genre, pro-
« mener de maison en maison, et d'homme en
« homme, la menace d'une accusation, pour lever
« un tribut et une sorte de captation sur la faculté
« d'être père. On en a vu même qui se supposaient
« un déshonneur dont elles étaient exemptes, et
« qui savaient créer plusieurs pères à un enfant
« qui n'existait pas. » Après avoir déploré l'esprit
de routine et exprimé son peu d'espoir de voir apporter un remède immédiat au mal qu'il dénonce,
il termine ainsi cette préface : « Patience donc ;

puisque le passé a toujours raison, nous le serons à notre tour ! »

La mauvaise règlementation des recherches de paternité était de nature à menacer tout le monde : chacun pouvait redouter une tentative de chantage ou un procès vexatoire ; chacun pouvait craindre qu'une fille-mère « ne l'infectât de paternité. » Au contraire les vices relatifs à la condition de l'enfant naturel ne préjudiciaient qu'au nombre trop considérable, mais toujours restreint des bâtards : faut-il expliquer ainsi que personne ou presque personne ne les ait signalés avant la Révolution ? Les jurisconsultes de l'époque exposent sans s'émouvoir les rigueurs des lois à l'égard des enfants illégitimes : d'Aguesseau, Pothier, Lebrun, n'y voient rien d'outré. En 1779 l'avocat-général Séguier les justifiait en ces termes devant le parlement de Paris : « On a « reconnu que le frein le plus fort qu'on a apporté « aux conjonctions illicites était de flétrir en quel- « que sorte les enfants qui en étaient le fruit... de « là le principe admis dans presque toutes nos cou- « tumes que les enfants naturels ne peuvent venir « à succession... Il était juste de punir ce crime (la « conjonction illicite) jusque dans les enfants, en « privant les père et mère de la satisfaction qu'ils « auraient eue de verser des bienfaits sur le fruit de « leur union criminelle » (1). Si l'on avait demandé

1. Nouveau Denizart, Bastard, 34, n° 8.

à l'orateur comment il pouvait être juste de frapper un innocent pour mieux atteindre le coupable, peut-être eût-il répondu par ces paroles de Bossuet : « Punir les pères dans leurs enfants c'est les punir « dans leur bien le plus réel ; c'est les punir dans « une partie d'eux-mêmes que la nature leur a ren- « due plus chère que leurs propres membres et « même que leur propre vie ; en sorte qu'il n'est « pas moins *juste* de punir un homme dans ses en- « fants que de le punir dans ses membres et dans « sa personne » (1). A nos yeux, ce raisonnement démontre peut-être l'efficacité de la peine, mais nullement sa légitimité, et mieux valait avec Montesquieu faire dériver franchement les déchéances infligées aux bâtards de l'intérêt social qui commande la protection du mariage : « Il a fallu flétrir le concubinage ; il a donc fallu flétrir les enfants qui en étaient nés » (2).

C'est dans la philosophie du 18ᵉ siècle qu'il faut chercher le premier germe des réformes que la Révolution devait réaliser. Si Voltaire, si Jean-Jacques Rousseau lui-même, qui fit le procès à tant d'iniquités sociales, n'élevèrent pas la voix en faveur des bâtards, nous voyons l'un des principaux disciples de Leibnitz se prononcer au nom de la raison

1. *Traité de la connaissance de Dieu et de soi-même*, ch. IV, nº 41.

2. *Esprit des lois*, l. 23, ch. 6.

naturelle pour l'assimilation des enfants naturels aux enfants du mariage. Dans un ouvrage sur le droit de la nature qui parut à Amsterdam en 1758, Holff s'exprimait en ces termes que Cambacerés n'eût pas désavoués : « On ne saurait imputer aux « enfants illégitimes le défaut de leur naissance ; et « par conséquent les droits et les obligations entre « eux et leurs parents sont naturellement les mêmes « que ceux qui concernent les enfants légitimes. « La tache qu'on leur reproche n'est point natu- « relle ; et c'est leur faire injure que de répandre « sur eux à cause de cela une sorte d'opprobre » (1). L'Encyclopédie reproduit la même doctrine avec une moindre netteté : « Dans l'ordre de la nature, la con- « dition des bâtards et des enfants légitimes est la « même parce qu'ils sont tous du même sang ; mais « elle est inégale dans le droit civil qui prononce « contre les bâtards l'incapacité de succéder à leur « père et même de recevoir de lui des dons et des « legs considérables... Ils avaient autrefois un droit « de légitime pareil à celui des autres enfants dont on « les a privés pour l'avantage, dit-on, des mœurs. *Cette loi est bien dure et je demanderais volontiers ce que les mœurs y ont gagné ?* » A la ville même de la révolution, le 27 avril 1886, Robespierre, un disciple

1. Wolff, *Abrégé en langue française d'un ouvrage latin sur le droit de la nature*, imprimé à Amsterdam en 1758, tome III, p. 59.

de Rousseau, prononça devant l'académie d'Arras un discours sur la législation réglant le droit et l'état des bâtards, où « il proposait de modifier dans « un sens plus conforme à l'humanité des lois em- « preintes de la barbarie d'un autre âge » (2). Il s'indignait surtout des inégalités sociales infligées à l'enfant naturel ; mais il était, semble-t-il, moins choqué de la situation inférieure qu'on lui faisait dans la famille, car il écrivait : « Je ne proposerai « pas cependant de leur accorder les droits de fa- « mille, de les appeler avec les enfants légitimes à « la succession de leurs parents ; non, pour l'intérêt « des mœurs, pour la dignité du lien conjugal, ne « souffrons pas que les fruits d'une union illicite « viennent partager avec les enfants de la loi les « honneurs et le patrimoine des familles auxquelles « ils sont étrangers à ses yeux » Cette modération chez un esprit si amoureux de réformes ne faisait guère prévoir les attaques passionnées qui allaient trois ans plus tard s'élever contre les règles an- ciennes.

Chose curieuse! celles qui avaient jusque là sem- blé les plus naturelles, paraîtront alors les plus odieuses, et l'inégalité des bâtards provoquera des protestations encore plus ardentes que la maxime *creditur virgini.*

2. E. Hamel, *Histoire de Robespierre*, I, p. 158 et 159.

CHAPITRE II

MOUVEMENT D'IDÉES QUI SE PRODUISIT DURANT LA RÉVO-
LUTION AUTOUR DE L'ENFANT NATUREL

§ 1. — La Constituante

Dans la déclaration des droits de l'homme, l'Assemblée Constituante posa le principe au nom duquel la Révolution allait condamner la législation antérieure. En tête même de ce texte fameux, on lit
*que les hommes naissent et demeurent libres et égaux en
droits.* Mais l'article premier ajoutait ensuite cette
réserve, à laquelle ne prit pas toujours garde l'enthousiasme des réformateurs : *Les distinctions sociales ne peuvent être fondées que sur l'utilité commune.*

L'article 6, conséquence directe du principe pri-
mordial, tranchait dans un sens favorable à l'enfant
naturel la controverse qui divisait les jurisconsultes
du 18ᵉ siècle, affirmant son aptitude générale aux
charges et fonctions publiques : « *Tous les citoyens
étant égaux aux yeux de la loi sont également admissi-
bles à toutes dignités, places et emplois publics selon leur*

capacité et sans autre distinction que celle de leurs ver-
tus et de leurs talents. »

Mais, si l'on excepte l'abolition du droit de bâtardise (1), dont quelques vestiges subsistaient encore
sur certains points du territoire, la Constituante n'é-
dicta aucune disposition particulière à l'enfant naturel.

Un publiciste de l'époque, M. Peuchet, avait pourtant soumis à l'assemblée au mois de juillet 1790
un projet de législation sur les bâtards, mais, parmi
tant de travaux urgents, elle ne trouva pas le loisir
de l'étudier, et c'est en vain que six mois plus tard
son auteur en réclamait de nouveau l'examen (2).

Peuchet, esprit libéral, mais encore assez modéré
puisqu'il fallit perdre la vie deux ans plus tard pour
avoir défendu trop vigoureusement les principes mo-
narchiques, ne demandait rien moins que l'assimilation complète de l'enfant naturel au fils légitime :
« Quand l'assemblée nationale n'aurait point fait une
« loi positive de l'égalité de droit de tous les hommes ;
« quand elle n'aurait point établi sur les bases de
« la raison les moyens de bonheur et de liberté so-
« ciale, la justice naturelle, la religion et la philoso-
« phie se réuniraient pour demander la prescription
« de la bâtardise... pour effacer de la législation
« française ces distinctions insensées et barbares

1. Art. 7 1. 13 avril 1791.
2. Voir le *Moniteur* du 2 juillet 1790 et du 4 janvier 7911.

« qui privent l'homme en naissant de ses droits les
« plus chers et le frappent d'une excommunication
« qu'il n'a point méritée. » Il réclamait donc pour
l'enfant illégitime l'intégralité des droits de famille,
protestant d'ailleurs de son profond respect « pour
la sainteté du mariage civil ».

Quant à la preuve de la filiation, le projet conte-
nait une réforme aussi radicale, et disposait que la
maternité serait toujours certaine, mais que la paternité ne pourrait s'établir que par une reconnaissance formelle. Peuchet voulait ainsi mettre un terme
à ces investigations de la justice dans le secret de la
vie privée, qu'autorisait jadis trop facilement la
jurisprudence, et son opinion personnelle à cet
égard était certainement en harmonie avec les idées
de la Constituante : le même esprit inspirera les lois
des 19-22 juillet, des 25 septembre-6 octobre 1891,
qui vont rayer du nombre des délits une foule d'actes contraires aux bonnes mœurs réprimés sous
l'ancien régime.

§ 2. — Assemblée Législative.

L'Assemblée Législative ne fit rien pour les bâtards. On sollicita pourtant son intervention en leur
faveur. Nous en avons la preuve dans une déclama-
tion qu'une jeune femme Mme Grandval, vint lire à

la séance du 25 mars 1792 (1). C'est à la féodalité, cette grande coupable, que Mme Grandval reproche « d'avoir réduit les enfants naturels à la plus af- « freuse solitude. Ils ne tiennent aux familles que « par les liens de la nature, et ces liens, ô honte des « lois civiles ! ces liens sacrés sont un opprobre ! « La tendre mère n'ose poser sur son sein l'enfant « que lui donna l'erreur qui lui est chère encore ».

En terminant, elle revendiquait pour les bâtards le droit de venir à la succession de leurs mères, et la capacité de recueillir des legs universels. Le Président lui répondit fort galamment que l'assemblée applaudissait *aux précieux sentiments* qui avaient dicté sa pétition, et l'invitait aux honneurs de la séance. Mais son éloquence n'eut pas d'autre résultat.

§ 3. — La Convention.

Après la réunion de la Convention les pétitions se multiplièrent. L'assemblée finit par s'en émouvoir. De là une première décision où la réforme des lois relatives à l'enfant naturel paraît liée à une autre question qui passionnait également l'opinion de cette époque, celle de l'égalité dans les partages successoraux. Par décret des 7-11 mars 1793, la

1. *Moniteur* du 26 mars 1792.

Convention, après avoir interdit les libéralités en
ligne directe et assuré de la sorte à tous les descendants un droit égal dans la succession de leurs ascendants, renvoyait à son comité de législation l'e-
xamen de diverses propositions concernant « *les enfants appelés naturels* », et lui donnait mission de
préparer sur eux un projet de loi.

Les membres du comité s'accordèrent à reconnaître la double nécessité d'améliorer la condition
des bâtards, que l'on baptisa du nom plus honorable d'enfants nés hors mariage, et d'apporter des
restrictions importantes aux recherches de paternité.
Mais quant à l'étendue des réformes désirables, des
opinions fort différentes se produisirent.

Berlier, qui présida plus tard la Convention, se
prononçait pour les mesures les plus radicales. Il
développa longuement ses idées dans un discours,
qui parut mériter les honneurs de l'impression (1).
« Je vais parler des droits de la nature » dit-il en
commençant avec une emphase légèrement épique ;
puis il envisage successivement les rapports de l'enfant avec sa mère et ses parents maternels, avec
son père et les parents de celui-ci.

Du côté de sa mère, l'état de l'enfant illégitime
peut toujours s'établir d'une manière certaine ; l'acte

1. Discours de Berlier sur les enfants nés hors mariage,
suivi d'un projet de décret, lu au comité de législation de la
Convention et imprimé par son ordre.

de naissance, ou bien une reconnaissance formelle
devant l'officier public en fera preuve ; sinon, il y
aura lieu à une recherche judiciaire suivant les règles du droit commun. A la filiation irrégulière ainsi
constatée, Berlier propose d'attacher tous les droits
qui dérivent de la filiation légitime : du côté de la
mère et de la famille maternelle aucune différence
entre l'enfant naturel ou même adulterin et l'enfant
du mariage.

La paternité, au contraire, est un fait mystérieux :
ici plus de recherche judiciaire, il faut mettre un
terme « aux pratiques absurdes du passé » ; la seule
preuve possible résulte d'une reconnaissance formelle du père reçue par l'officier public et dûment
confirmée par l'aveu de la mère.

Cette reconnaissance est nulle quand elle émane
d'un homme marié à l'époque de la conception.
Pourrait-on valablement reconnaître l'enfant d'une
femme mariée, que le mari a désavoué ? Berlier
n'admettait pas sans doute la validité d'une telle
reconnaissance, bien que son projet n'en prononce
point la nullité.

Ces règles rigoureuses étaient aux yeux de Berlier
la condition et la conséquence nécessaire des droits
étendus qu'il voulait accorder à l'enfant reconnu :
celui-ci devenait l'égal d'un enfant légitime à l'égard
de son père et de ses parents paternels.

L'auteur de cette proposition hardie respectait,

disait-il, « l'institution salutaire du mariage... qui maintient dans une grande société l'harmonie nécessaire à son existence », mais il ne croyait pas l'ébranler en traitant si favorablement les fruits des unions libres : le mariage qui seul révèle infailliblement le père ne serait-il pas toujours préféré au concubinage qui, d'après son projet même, n'assurait à l'enfant qu'un demi état, et laissait incertaine la paternité jusqu'au jour d'une reconnaissance éventuelle ?

Il ne réussit pas cependant à convaincre ses collègues et Cambacérès, organe du comité de législation, présentait le 4 juin à la Convention un système beaucoup plus modéré, bien qu'il invoquât lui aussi dans son rapport la loi de la nature « loi éternelle, inaltérable, propre à tous les peuples, convenable à tous les climats ».

En ce qui touche la preuve de la filiation, ce projet offre ce caractère particulier, qui suffirait à le condamner d'avance, de soumettre aux mêmes règles la démonstration de la paternité et celle de la maternité. L'enfant est-il reconnu par ses deux auteurs, son état se trouve dûment établi à leur égard, sauf contradiction possible de sa part ou de la part d'une personne, qui prétendrait lui avoir donné le jour. Est-il reconnu par l'un d'eux seulement, son état certain à l'égard de celui-ci, ne s'établit à l'égard de l'autre, que par une possession constante soutenue d'un commencement de preuve par écrit. Si l'un des parents déclarait sur les registres publics le nom de l'autre parent, cette indication vaudrait commencement de preuve. L'enfant, que ni l'un ni l'autre de ses auteurs n'a reconnu, ne pourra jamais rechercher ni son père ni sa mère.

Ce système moins rigoureux que celui de Berlier, mais néanmoins très dur encore, en ce qui concerne la preuve de la paternité, mettait à celle de la maternité des entraves injustifiables.

Quant aux effets de la filiation naturelle, Cambacérés proposait de distinguer deux classes de bâtards. Ceux qui devaient le jour à l'adultère, n'auraient droit qu'à des aliments, *le respect des mœurs* ne permettant pas de leur accorder davantage. Mais l'enfant issu de personnes libres serait placé dans la famille *presque au même rang que l'enfant légitime* : l'exhérédation, *cette peine des grands crimes,* ne devait plus le frapper. Le projet l'appelait dans tous les cas à la succession de ses père et mère, et dans certains cas à celle de ses ascendants. Les droits à l'hérédité paternelle ou maternelle variaient suivant la qualité des parents avec lesquels il se trouvait en concours. Il excluait tous les collatéraux. En présence d'ascendants ou d'enfants légitimes nés après lui, on lui accordait la moitié de ce qu'il aurait eu, s'il avait été légitime ; le tiers seulement, en présence d'enfant nés d'un mariage antérieur à sa naissance. L'enfant naturel ne venait à la succession de ses autres ascendants qu'en l'absence de descendants légitimes, mais il excluait alors les parents collatéraux.

Ces règles présentent une analogie remarquable avec celles qu'adoptera plus tard notre Code : on y voit pour la première fois prendre en considération l'existence d'une postérité légitime avant la naissance du bâtard. Un article intéressant tranchait une question que nos lois modernes n'ont pas résolue et qui a donné lieu à de longues controverses : « *Pour déterminer la portion attribuée aux enfants naturels dans tous les cas où ils sont réduits à la demi-part ou au tiers de part, on comptera les têtes des héritiers légitimes et des enfants naturels indifféremment.* » Si l'on considère la part active que prit Cambacérès à la rédaction de ce projet, comme à celle de notre Code civil, le texte que nous venons de citer ne fournit-il pas un argument historique d'une certaine valeur au profit du système, auquel s'est ralliée la jurisprudence ?

Pas plus que Berlier, Cambacérès ne fixait une limite à la capacité de recevoir des bâtards, ou n'établissait une réserve spéciale en leur faveur mais l'interdiction des libéralités en ligne directe, et la réduction de la quotité disponible à un chiffre très-faible les protégeaient de même que les enfants légitimes.

Le projet de Cambacerés ne fut pas l'objet, semble-t-il, d'une discussion approfondie, mais pour donner satisfaction à l'opinion publique, la Convention voulut du moins faire une déclaration de principe, et dans cette même séance du 4 juin 1793, elle décréta que les enfants né hors le mariage succéderaient à leurs pères et mères dans la forme qui serait déterminée. Cette détermination devait être l'œuvre du code civil, qu'un décret annonçait trois semaines plus tard (24 juin 1793).

Le comité de législation ne mit pas deux mois à rédiger le projet de cette œuvre considérable, qui fut déposé à la séance du 9 août.

Dans l'intervalle, Cambacérès avait eu le temps de se convertir aux idées de Berlier, auxquelles il se rallia presque entièrement aux termes de son rapport : « La bâtardise, y lisons-nous, doit son origine « aux erreurs religieuses et aux invasions féodales ; « il faut donc la bannir d'une législation conforme à « la nature. Tous les hommes sont égaux devant « elle ; pourquoi laisseriez-vous subsister une diffé- « rence entre ceux dont la condition devrait être « de même ? Nous avons mis au même rang tous « les enfants qui seront reconnus par leur père ; « mais, en faisant un acte que la justice réclamait, « nous avons dû prévenir les fraudes et les vexa- « tions. Ces motifs nous ont déterminés à exiger que « la déclaration du père fût toujours soutenue de

« l'aveu de la mère, comme le témoin le plus incon-
« testable de la paternité..... »

La Convention commença dès le 22 août la discussion du projet qui lui était soumis pour la
continuer durant les mois de septembre et d'octobre : les dispositions relatives aux enfants naturels
obtinrent pour la plupart son approbation.

Cambacérès faisait de la reconnaissance le mode
normal d'établir la maternité, mais il en autorisait
cependant la recherche judiciaire, qui devait, comme
nous l'apprend l'exposé des motifs du conventionnel
Oudot, être réglée par une *loi d'exécution relative à
l'état civil*. La simple reconnaissance du père ne
suffisait pas à faire preuve de la paternité; on
exigeait pour l'appuyer l'aveu formel de la mère.
A l'objection que si la mère était morte, absente, ou
dans l'impossibilité de fournir cet aveu, le père
n'aurait plus la faculté de reconnaître valablement
son fils, l'exposé des motifs répondait qu'il trouve-
rait alors dans l'adoption une ressource suffisante.

Les enfants naturels obtenaient dans la famille
une situation identique à celle des enfants légitimes.
et notamment pouvaient comme eux prétendre à la
succession de leurs père et mère, de leurs ascendants et de leurs parents collatéraux. Même faveur
pour les adultérins : l'enfant désavoué par le mari
conservait à l'égard de sa mère tous les droits d'un
fils légitime ; toutefois, l'on frappait de nullité la

reconnaissance qui émanait d'un homme marié, car « il ne fallait pas, disait-on, autoriser l'union d'un « homme avec plusieurs femmes » (1).

Dans un pareil système la légitimation n'avait plus de raison d'être, et le projet n'en parlait pas ; point d'incapacité de recevoir fondée sur le vice de la naissance, mais toutes libéralités au profit d'un successible étaient prohibées ; point de réserve spéciale au profit de l'enfant naturel, mais la quotité disponible était d'une manière générale restreinte à un dixième du patrimoine, quant le disposant laissait des héritiers en ligne droite, à un sixième, s'il ne laissait que des collatéraux.

Ce premier projet de Code civil n'aboutit pas ; la Convention le repoussa comme trop compliqué, et comme empreint encore des idées anciennes. Le 23 fructidor an II, Cambacérès lui en présentait un second, écrit en *style lapidaire*.

En ce qui touche les enfants naturels, nous y voyons reproduire le système que nous venons d'analyser. Peut-être cependant convient-il de signaler une réaction légère quant aux restrictions mises à la preuve de la paternité. Après avoir énoncé que toute reconnaissance serait nulle, si elle n'était confirmée par l'aveu de la mère, le texte ajoute : « quand

1. Exposé des motifs par Oudot, imprimé par ordre de la Convention nationale.

elle peut le donner ». Lors de la discussion au sein de l'Assemblée, il se trouva même un orateur pour combattre la disposition qui prohibait la recherche de la paternité ; cet article, disait-il, présentait des inconvénients graves et pourrait exposer une mère à être chargée seule de son enfant, tandis que le père s'en débarrasserait par une dénégation (1). Il ne parvint pas d'ailleurs à faire triompher son opinion.

Ce deuxième projet, auquel l'on reprochait une excessive concision, n'eut pas un sort plus heureux que le précédent et la Convention, se sépara sans l'avoir examiné jusqu'au bout.

§ 4. — Le Directoire.

Sous le Directoire les travaux de codification recommencèrent, et la commission du conseil des Cinq Cents, qui en fut chargée, achevait le 24 prairial de l'an IV un nouveau projet de Code civil. Elle choisit Cambacérès pour le présenter à l'Assemblée. Ce jurisconsulte à l'esprit singulièrement souple exprima dans son rapport des idées un peu plus modérées.

Il n'hésitait pas cependant à bannir du Code « l'odieuse recherche de la paternité », et dans son exposé des motifs, il dépeignait avec un optimisme

1. Fenel, tome I.

que l'expérience a cruellement démenti, les merveilleuses conséquences de cette réforme : « Que cet abus disparaisse, s'écriait-il, et aussitôt de grandes ressources sont enlevées à la séduction et à la perversité ; les mœurs auront des ennemis de moins et les passions un frein de plus. Les femmes deviendront plus réservées lorsqu'elles sauront qu'en cédant, sans avoir pris des précautions pour assurer l'état de leur postérité, elles en sont seules chargées. Les hommes deviendront plus attentifs et moins trompeurs, lorsqu'ils verront que des promesses, faites par le sentiment, ne sont plus un jeu, et qu'ils sont tenus de tous les devoirs de la parternité envers des enfants, qu'ils auront signalés comme le fruit d'un engagement, contracté sous la double garantie de l'honneur et de l'amour... » Mais il n'exigeait plus pour fortifier la reconnaissance paternelle l'aveu exprès de la mère : celle-ci pouvait seulement la faire tomber par son désaveu. La preuve de la maternité résultait normalement de l'acte de naissance, qui devait indiquer le nom de la mère, ou d'une reconnaissance par acte authentique : la recherehe judiciaire en était semble-t-il, librement permise.

La réaction se manifestait surtout relativement aux droits accordés à l'enfant naturel et nous voyons reparaître les distinctions que Cambacérès avait proposées à l'origine entre les bâtards simples et les adultérins, entre les bâtards nés à une époque où il n'existait pas d'enfants légitimes, et ceux nés après un mariage fécond. La constatation de la filiation adultérine est prohibée, au moins du côté du père ; quand à l'enfant désavoué par le mari, le projet n'en parlait pas, et l'on ne sait trop quelle eût été sa condition à l'égard de sa mère. Les enfants naturels simples entraient dans la famille, et pouvaient, semble-t-il, recueillir la succession même de leurs ascendants et de leurs parents collatéraux. Leurs droits variaient, suivant qu'ils avaient ou non des frères nés d'un mariage antérieur à leur propre naissance. Dans le premier cas leur portion héréditaire était réduite de moitié; dans toute autre hypothèse, il n'y avait aucune différence entre eux et un enfant légitime. Ce projet, comme les précédents, gardait le silence sur la légitimation des bâtards, n'établissait à leur profit aucune réserve particulière, et ne leur infligeait aucune incapacité de recevoir.

Après en avoir examiné trois articles dans la séance du 9 pluviôse de l'an V, le conseil des Cinq-Cents en suspendit la discussion un mois plus tard, pour ne plus la reprendre.

Quand survinrent les événements du 18 brumaire une commission, présidée par Jacqueminot, avait

---

1. *Idées préliminaires sur le projet de Jacqueminot.* Ferret, tome I, p. 329, *in fine.*

rédigé plusieurs titres d'un nouveau projet de Code,
que lui avait demandé l'Assemblée. Ce travail, où
il n'est pas question des preuves de la filiation naturelle, mais seulement de ses conséquences, marque un brusque retour vers ces lois de l'ancien régime, qui soulevaient naguère tant d'indignation ;
place l'enfant né hors mariage même de personnes
libres, franchement au-dessous de l'enfant légitime,
lui attribue des droits héréditaires notablement plus
faibles, restreint chez ses parents la capacité de
disposer en sa faveur, rétablit à son profit la légitimation : on y reconnaît en un mot l'esprit qui ani-
mera les auteurs de notre Code civil. Si l'on en croit
Jacqueminot (1), Cambacérès lui-même approuvait
ces réformes.

CHAPITRE III

Par décret du 4 juin 1793 la Convention avait, on s'en souvient, posé le principe que les enfants nés hors mariage succéderaient à leurs père et mère. Cette promesse que l'avortement des divers projets de Code civil empêcha de réaliser entièrement, reçut son exécution dans une certaine mesure par la loi du 12 brumaire de l'an II, texte fondamental du droit intermédiaire sur la matière qui nous occupe.

La passion de l'égalité ne fut pas l'unique sentiment qui l'inspira : ceux qui la rendirent obéissaient également à des considérations politiques et se flattaient d'attacher les enfants naturels à la cause de la Révolution, tout en frappant ses adversaires dans leur fortune. Nous en avons la preuve dans ces paroles de Chabot à la Convention, rapportées par le *Moniteur* (1) : « Vous avez ajourné à la séance « d'aujourd'hui une des grandes questions qui doi- « vent fixer notre révolution, celle de la successibi-

1. *Moniteur* du 26 septembre 1793.

« lité des enfants naturels. Ils ont combattu comme,
« vous pour la liberté et l'égalité ; comme vous ils
« doivent jouir de leurs bienfaits ; pourrions-nous
« les priver de cet avantage ?... La société a intérêt
« de diviser les fortunes ; ce n'est point en les
« abandonnant à des muscadins collatéraux que
« l'on parviendra à ce but, mais bien en les livrant
« à des enfants que des lois bizarres condamnaient
« à l'opprobre et à la misère et à qui nous devons
« rendre tous leurs droits... La Convention natio-
« nale a-t-elle le droit d'entasser sur des collatéraux
« des successions dont ils abusent pour soutenir
« nos ennemis, tandis que l'héritier naturel souf-
« frira de toutes les horreurs de l'indigence?... »

Pour mieux atteindre son but, la convention n'hésita pas à violer le principe de la non rétroactivité
des lois, en appelant les enfants naturels aux successions ouvertes dans le passé depuis la prise de la
Bastille. Cet effet rétroactif souleva bien quelques
objections, mais les orateurs trop scrupuleux qui
osèrent les présenter n'obtinrent aucun succès :
« On me fait une objection bien futile, leur répondit
« Chabot (1) : on me dit qu'il ne faut pas donner à
« une loi un effet rétroactif. En matière criminelle,
« je le sais, mais en matière civile ! Eh ! n'en a-t-on
« pas donné à celle sur la féodalité, sur les émi-

1. *Moniteur* du 26 septembre 1793.

« grés, sur le divorce, etc. ? » Cambacérès allait plus loin dans son rapport, puisqu'il niait le caractère rétroactif du décret : « Eh ! qu'on ne nous dise point
« que c'est donner à la loi un effet rétroactif ! Ce prin-
« cipe ne s'applique point lorsqu'il s'agit d'un droit
« primitif, d'un droit que l'on tient de la nature ;
« d'ailleurs les enfants naturels ont été appelés aux
« droits de successibilité par le décret du 4 juin
« dernier ». Voilà sur la rétroactivité de bien étranges théories ! En bonne justice, tout ce que l'on pouvait en faveur des enfants naturels, c'était faire remonter leurs droits au décret du 4 juin qui en avait posé le principe.

L'article premier portait : « Les enfants naturels actuellement existants, nés de père et mère non engagés dans les liens du mariage, seront admis aux successions de leurs père et mère, ouvertes depuis le 14 juillet 1789. »

Il en résulte une distinction entre les enfants adultérins et les autres enfants naturels, parmi lesquels on rangeait même les fruits d'unions incestueuses. Au sein du comité de législation Cambacérès s'était prononcé pour l'assimilation complète de tous les bâtards : « Tous les enfants indistinctement ont le droit
« de succéder à ceux qui leur ont donné l'existence ;
« les différences établies entre eux sont l'effet de l'or-
« gueil et de la superstition ; elles sont ignominieuses
« et contraires à la justice... L'exhérédation est la

« peine des grands crimes ; l'enfant qui naît en a-t-il
« commis ? Et si le mariage est une institution pré-
« cieuse son empire ne peut s'étendre jusqu'à la des-
« truction de l'homme et des droits des citoyens.. » (1).
Mais son opinion personnelle n'avait pas prévalu et
le comité avait pensé presque unanimement que « le
respect des mœurs, la foi du mariage, les convenances sociales » réclamaient une sévérité particulière
pour les enfants adultérins.

On ne leur accorda que des aliments dans la succession de leurs auteurs et l'on en fixa la quotité d'une
manière invariable au tiers en propriété de la portion héréditaire, à laquelle ils auraient eu droit s'ils
étaient nés du mariage (art. 13). Leur filiation s'é-
tablissait suivant les mêmes règles que celle des enfants naturels simples.

Tous les autres bâtards acquéraient les mêmes
droits de successibilité que les enfants légitimes,
mais seulement à l'égard de leurs père et mère (art.
2). Ils ne venaient pas à la succession de leurs parents
collatéraux, décédés même depuis la prise de la Bastille. Cette solution résulte nécessairement à nos
yeux de l'art. 9 1ᵉʳ alinéa, malgré l'opinion contraire
professée par Loiseau (2). Ils ne pouvaient davantage,

1. Choix de discours, opinions et rapports, 1793, tome 13,
page 354.
2. Loiseau, *Traité des enfants naturels*, Paris 1811, p. 117.

selon nous recueillir par représentation l'héritage de leurs aïeuls, puisque l'art. 1 les appelle uniquement à la succession de leurs père et mère (1). —

La loi de brumaire prescrivait certaines dispositions destinées à éviter un trop grand bouleversement des fortunes. Les droits acquis à des tiers possesseurs ou à des créanciers hypothécaires seraient toujours respectés (art. 7). L'enfant naturel ne pourrait, pour se remplir de sa part, déranger les partages antérieurement effectués, mais se bornerait dans cette hypothèse à prendre sa portion sur les lots existants (art. 3). Les héritiers, donataires ou légataires qui détenaient les biens sur lesquels il avait droit,

---

Ce jurisconsulte enseigne qu'aux termes de l'art. 2, « les enfants naturels entraient en partage avec leurs frères et sœurs légitimes soit en ligne directe, soit en ligne collatérale... comme eux jouissaient du droit de représentation », et cela même pour les successions ouvertes avant le 12 brumaire an II. Il ne paraît tenir aucun compte de l'article 9, 1er alinéa que nous trouvons conçu dans les les termes suivants, soit dans le projet de décret présenté par Cambacérès et imprimé par ordre de la Convention, soit dans le recueil de Duvergier : « Les enfants nés hors du mariage dont la filiation sera prouvée de la manière qui vient d'être déterminée ne pourront prétendre aucun droit dans les successions de leurs parents collatéraux ouvertes *depuis* le 14 juillet 1789 ». Un arrêt de la cour de cassation du 27 messidor an VII, rapporté par Sirey (année 1800, p. 229) cite cet article en y substituant le mot *avant* au mot *depuis*. Cette erreur de rédaction était peut-être répandue, ce qui expliquerait l'opinion de Loiseau, autrement incompréhensible.

1. Arrêt de cassation du 4 primaire an III.

devaient les lui remettre dans l'état où ces biens se trouvaient le 12 brumaire, n'étaient jamais tenus d'en restituer les fruits, et s'il s'agissait d'étrangers ou de parents collatéraux, avaient même la faculté d'en retenir un dixième (art. 4, 5 et 7).

Mais quelles preuves l'enfant devait-il fournir pour être admis à l'exercice de ces droits ? Celles reçues jadis n'étaient plus de saison : d'après le projet de code civil, la paternité ne pouvait résulter que d'une reconnaissance du père constatée par l'officier public et confirmée par la mère, la recherche de la maternité même devait faire l'objet d'une réglementation particulière. Il parut impossible d'exiger pour établir la paternité une reconnaissance authentique, et les preuves anciennement admises de la maternité semblèrent insuffisantes. On adopta finalement un mode de preuve uniforme pour ces deux faits, la possession d'état, qui, d'après l'article 8, ne put résulter que de la suite des soins donnés sans interruption à l'entretien et à l'éducation de l'enfant. Quant aux successions ouvertes avant le 14 juillet 1789, les bâtards n'y avaient en général aucun droit. Par exception, ceux qui se trouvaient en instance avec des héritiers légitimes pour la succession de leur père ou de leur mère, ouverte avant la prise de la Bastille, et dont les réclamations n'étaient pas encore terminées par jugement en dernier ressort, obtenaient, aux termes de l'art. 15, le tiers de la portion qu'ils auraient eue s'il étaient nés dans le mariage.

Aux termes de l'art. 16, les enfants et descendants d'enfants nés hors mariage représentaient
leurs père et mère dans l'exercice des droits attri-
bués à ces derniers. Le fils d'un enfant naturel re-
cueillait, en vertu de cette disposition, la succession
de son aïeul décédé depuis le 14 juillet 1789.

Les dispositions que nous venons d'exposer furent
modifiées par deux lois successives. La première,
en date du 3 vendémiaire an IV, voulant supprimer
l'effet rétroactif du décret de brumaire, le déclarait
inapplicable aux successions ouvertes avant sa promulgation (art. 13); c'était, sous prétexte de corri-
ger un excès, tomber dans l'excès contraire, puisque le décret du 4 juin 1792 avait appelé l'enfant
illégitime à la succession de ses père et mère, et il
fallut une loi nouvelle pour reporter l'effet de notre
décret à sa véritable date (loi du 15 thermidor
an IV, art. 1).

La loi de brumaire s'appliquait certainement au
passé : statuait-elle également pour l'avenir, réglait-
elle les droits des enfants naturels dans les successions qui allaient s'ouvrir après sa promulgation ?
La lecture du texte nous plonge à cet égard dans un
doute profond. Si l'art. 1er, alinéa deux, appelait
les bâtards non adultérins, ou du moins ceux qui
existaient le 12 brumaire, aux successions futures
de leurs père et mère; si l'art. 2 leur reconnaissait

d'une manière générale les mêmes droits de successibilité qu'aux autres enfants ; si l'art. 8 réglait en apparence la manière dont ils prouveraient leur filiation pour l'exercice de ces droits ; enfin si l'art. 9 leur attribuait pour l'avenir une vocation héréditaire même à l'égard de leurs parents collatéraux, il ne faut pas se hâter de trancher la question par l'affirmative, car l'art. 10, applicable aux enfants dont le père et la mère existeraient encore lors de la promulgation du Code civil, renvoyait au Code pour le règlement de leurs droits, et l'on n'aperçoit aucune raison pour ne pas appliquer la même solution aux enfants qui n'auraient à ce moment que leur père ou leur mère.

L'historique de la loi peut seul nous en faire saisir la portée. Les dispositions qui s'y trouvent figuraient à l'origine dans le premier projet de Code civil présenté par Cambacérès : comme elles concernaient particulièrement les enfants naturels déjà nés, on les avait réunies sous forme d'appendice à la suite des règles proposées pour définitives en leur attribuant le caractère de *mesures transitoires*. De vifs débats s'élevèrent lors de la discussion à propos de ces dispositions transitoires, et pour ne point retarder l'achèvement du Code civil, on crut bon de les en séparer et d'en faire l'objet d'une loi particulière qui devait être de nouveau soumise à l'examen du comité de législation. Les articles d'appendice ainsi détachés furent représentés, après certains remaniements, à la Convention nationale qui les adopta dans la séance du 12 brumaire : à ce moment, le Code civil venait d'être arrêté, mais à la dernière lecture qui s'en fit le lendemain, l'Assemblée en suspendit la promulgation.

Ceux qui votaient la loi de brumaire croyaient donc à la mise en vigueur immédiate du Code civil, qui devait régler à l'avenir la condition des enfants naturels, et, pour la bien comprendre, il faut supposer réalisées leurs prévisions : la promulgation du Code présenté par Cambacérès et discuté par l'Assemblée a, par hypothèse, suivi de près celle du décret de brumaire. Les dispositions de ce dernier s'expliquent alors à merveille. Il n'y est question que des *enfants actuellement existants* (art. 1), puisque le Code civil règle la condition des enfants naturels à naître. Notre texte leur accorde les mêmes droits de succession qu'aux enfants légitimes (art. 2, 9, 2e al., 10), sauf toutefois aux adultérins à qui l'on n'a pas osé étendre de telles faveurs (13) ; c'est le système du Code civil, et il n'existe aucune raison pour ne pas l'appliquer aux bâtards déjà nés aussi bien qu'aux bâtards futurs. Mais quant à la preuve de la filiation illégitime, certaines dispositions transitoires s'imposent. Si les deux auteurs de l'enfant naturel vivent encore, ils pourront en général le reconnaître suivant les règles nouvelles ; et

l'art. 10 renvoie purement et simplement au Code
dans cette hypothèse. Si l'enfant n'a plus que sa
mère, nul doute, malgré le silence du texte, que les
dispositions du Code civil ne s'appliquent encore :
la preuve de la maternité est bien devenue quelque
peu plus difficile, mais le décès du père n'empêche
pas de satisfaire aux exigences nouvelles. Au contraire, le père de l'enfant naturel survit-il seul, la
mère est-elle absente, ou dans l'impossibilité de
manifester sa volonté, il devient impossible à l'enfant d'établir sa filiation paternelle conformément
aux prescriptions du Code : son père pourra bien
le reconnaître, mais cette reconnaissance ne vaudra
rien faute de l'aveu confirmatif de la mère. Pour ne
point priver cet enfant de son état civil en lui de-
mandant une preuve qu'il n'est pas en état de fournir, l'art. 10 décide qu' « en cas de mort de la mère
avant la publication du Code, la reconnaissance du
père faite devant un officier public suffira pour
constater à son égard l'état de l'enfant né hors mariage et le rendre habile à lui succéder. » En réalité, parmi les dispositions se rapportant aux successions futures, cet article 10 était le seul qui
présentât une véritable utilité : les autres ne faisaient que reproduire le Code ou y renvoyer.

La loi de brumaire, parfaitement claire, si le
Code civil avait abouti, devint obscure, incomplète,
incohérente du jour où le projet de Cambacérès eût

avorté, et le tribun Huguet (1) s'étonnait plus tard
que le pouvoir exécutif d'alors l'eût néanmoins pro-
mulguée : s'il le fit, ce fut évidemment en raison
des dispositions rétroactives qui s'y trouvaient, et
pour assurer le plus tôt possible aux enfants naturels le bénéfice de ces faveurs extraordinaires. Quant
aux règles écrites pour l'avenir, leur interprétation
donna lieu à de nombreuses controverses, et il n'y
a là rien qui doive nous surprendre.

Comment se prouvait la filiation naturelle durant
la période intermédiaire ? Plusieurs tribunaux ré-
pondirent que, s'il s'agissait au moins d'enfants nés
avant le 2 brumaire an II, la paternité comme la
maternité devait s'établir par la possession d'état.
Cette solution résultait, disait-on, des art. 1 et 8
combinés : l'art. 8 exigeait la possession d'état pour
être admis à l'exercice « *des droits ci-dessus* », c'est-
à-dire de tous les droits accordés par les sept articles précédents, notamment par l'art. 1er, 2e alinéa,
lequel visait les successions devant s'ouvrir par la
suite. L'opinion qui triompha, et selon nous avec
raison, fut que l'art. 8 n'avait en vue que les successions ouvertes dans le passé : il ne fallait point
attacher trop d'importance à une expression qui dé-
passait la pensée du législateur; celui-ci n'enten-

1. Rapport fait au tribunal par le tribun Huguet. (Loiseau,
Traité des enfants naturels, page 108).

dait instituer la preuve par la possession d'état que dans les cas où il ne pouvait raisonnablement exiger une reconnaissance à l'égard des parents morts avant le 12 brumaire ; le Code, qui allait sous peu de jours entrer en vigueur, pouvait sans inconvénient et devait régir la preuve de la filiation dans toute autre hypothèse, s'agît-il même d'un bâtard né avant le 12 brumaire (art. 10) ; si le père seul vivait encore, l'art. 11 maintenait dans la mesure du possible l'application du Code, exigeant la reconnaissance paternelle sinon l'aveu de la mère. Après avoir de la sorte restreint au passé l'application de l'art. 8, que décider pour l'avenir, en attendant la promulgation du Code promis ? Ici, les interprètes firent acte de hardiesse, et décidèrent que tout devait se passer comme si le projet de Cambacérès avait reçu force de loi : la recherche de la maternité demeura donc possible, mais celle de la paternité ne fut plus admise et l'on jugea que la reconnaisance faite par le père devant un *officier public*, aux termes de l'art. 11 et confirmée par la mère, hors les cas prévus par l'art. 12, fonderait seule la filiation paternelle.

Certains tribunaux hésitaient à se conformer à ce système, mais le comité de législation, organe de la Convention nationale, leur en enjoignit l'observation par une circulaire fort curieuse du 6 floréal an III. On y voit l'importance que la Convention

attachait au nouveau principe décrit par elle (1) :
« Depuis longtemps, l'intérêt des bonnes mœurs et
« la tranquillité des familles exigeaient qu'on n'ad-
« mit plus ces demandes scandaleuses en déclara-
« tion de paternité qui, à la honte de l'ancienne
« jurisprudence, retentissaient tous les jours dans
« les tribunaux. Aucune loi n'avait autorisé ces
« sortes de demandes ; elles n'étaient accueillies
« que par une jurisprudence dont l'usage avait pré-
« valu. L'art. 10 du Code civil décreté, dans la
« séance du 19 frimaire dernier, a comblé à cet
« égard les vœux de tous les amis de l'ordre social
« et de la vertu : le tribunal ne peut se conformer
« avec trop de zèle à la disposition de cet article,
« par lequel la loi déclare qu'elle n'admet pas la
« recherche de la paternité non avouée. Les tribu-
« naux de paix doivent étouffer dans leur principe
« ces demandes scandaleuses et les tribunaux ont
« droit d'y refuser leur ministère. »

Deux ans plus tard, nous voyons adopter la
même solution par un arrêté directorial du 12 ventôse an V, rendu sur le rapport de Merlin, ministre
de la justice, qui en développe longuement les motifs. La jurisprudence finit par s'y conformer (2), et
la Cour de cassation se montra même singulière-

1. Fenet, tome 8, page 223.
2. Sirey, vol. 2, p. 246 et s.

ment difficile pour la validité des reconnaissances, puisqu'elle déclara nulles celles que le père faisait sous le coup de poursuites judiciaires (1).

La logique aurait dû conduire à admettre un système analogue relativement aux effets de la filiation hors mariage, et à décider que les dispositions du Code non promulgué déterminaient les droits de l'enfant naturel. On pouvait en ce sens invoquer non seulement l'esprit de la loi. mais encore dans une certaine mesure les termes formels du texte : l'art. 2 accordait en effet d'une manière très générale à tous les enfants naturels actuellement existants les mêmes droits de successibilité qu'aux enfants légitimes. Certains arrêts se prononcèrent à l'origine en faveur de cette opinion (2) ; mais la doctrine contraire finit par triompher, et Loiseau nous en donne les raisons suivantes : « La disposition de « cette loi qui met les enfants naturels au niveau « des enfants légitimes, qui leur accorde les mêmes « droits de successibilité (art. 2), a paru odieuse, « immorale, impolitique ; on a pressenti qu'elle se- « rait nécessairement abrogée par le Code civil, et « l'on a voulu que les successions ouvertes aupara- « vant fussent régies par ce Code » (3).

1. Arrêt du 13 vendémiaire, an V.

2. Requête du 7 fructidor an IV, MM. Lalonde, pr., Méquin, r., aff. Jollivet et autres c. Mesnard.

3. Loiseau, *Traité des enfants naturels*, page 132 ; cass. 12 vendémiaire an VII.

Par suite de cette interprétation, les enfants naturels ne recueillirent pas les successions de leurs parents décédés après le 12 brumaire an II: on leur reconnut seulement une *aptitude à succéder* très étendue, mais dépourvue de tous effets immédiats. Il existait donc à cet égard une véritable lacune que vint combler la loi transitoire du 14 floréal an XI : l'état et les droits des enfans nés hors mariage dont les père et mère étaient morts depuis la loi de brumaire jusqu'à la promulgation des titres du Code civil sur la paternité et la filiation et sur les successions devaient être réglés par les dispositions du Code (art. 1).

S'il était possible à la rigueur de tenir en suspens les droits successoraux des bâtards, on ne pouvait attendre l'achèvement du Code pour leur allouer des aliments : *venter non patitur moram.* Les tribunaux ne firent point difficulté pour leur en accorder. Le décret de brumaire gardait le silence sur ce point ; mais comment refuser à l'enfant naturel une nourriture que l'ancien droit même ne lui marchandait pas ; comment laisser périr de faim celui que la loi déclarait *habile à succéder* ?

CHAPITRE IV.

L'ENFANT NATUREL D'APRÈS LE CODE CIVIL.

Le projet de Jacqueminot et l'interprétation restrictive donnée par la Cour suprême à la loi de brumaire marquaient l'acheminement vers les idées
modérées qui allaient inspirer le législateur de
1804. Bigot-Préameneu a bien traduit l'esprit de la
loi nouvelle : « Dans l'ancien régime, dit-il, on donnait aux enfants naturels qui n'étaient point reconnus par leurs pères, trop de facilité à inquiéter des
familles auxquelles ils étaient étrangers; et sous les
rapports de la fortune, ils étaient traités avec une
rigueur excessive. — Pendant la Révolution, la loi
ancienne a été réformée en ce qu'elle admettait des
recherches odieuses sur la paternité, mais on s'est
laissé entraîner par des sentiments de bienfaisance :
on leur a donné des droits qui les assimilaient sous
un trop grand nombre de rapports aux enfants légitimes. — On a cherché dans le nouveau Code à
réparer ces erreurs, et à poser enfin les justes limites entre lesquelles ni les droits de la nature, ni
ceux de la société ne seront violés » (1).

1. Fenet, X, p. 154; voir également le discours du tribun
Duveyrier au Corps législatif (Fenet, X, p. 239).

Le souvenir des scandales que la recherche de la
paternité avait provoqués sous l'ancien régime sur-
vivait à la Révolution ; Bigot-Préameneu (1) en parle
comme du « fléau de la société » Thibaudeau (2) en
déclare l'usage « scandaleux et arbitraire » : Tronchet
rappelle au Conseil d'Etat que les filles dirigeaient
autrefois leur déclaration contre le plus riche de
leurs amants, et que leurs manœuvres étaient presque toujours heureuses (3). Le tribun Lahary réprouve l'ancienne jurisprudence en un langage qui
semble renouvelé de Servan (4), et Duveyrier s'écrie
que les procès de ce genre « étaient la honte de la
justice et la désolation de la société ! » (5)

Aussi le principe de l'art. 340 ne souleva-t-il guère
d'objections. Cependant, lors de la discussion qui
avait eu lieu au mois de nivôse an X à propos des
actes de l'état civil, deux orateurs avaient combattu
avec une grande éloquence (6) l'interdiction de la
recherche. Duveyrier, qui devait plus tard changer
d'opinion, la plaçait au nombre de ces maximes
« nées dans ces temps d'exagération où, pour éviter
un excès, on ne manquait jamais de s'élancer dans
l'excès contraire ». C'est « une maxime de fer », di-

1. Fenet, X, p. 154.
2. Fenet, X, p. 75.
3. Fenet, X, p. 74.
4. Fenet, X, p. 197.
5. Fenet, X, p. 238.
6. Fenet, VIII, p. 121-249.

sait Andrieux, « très commode pour les libertins, mais très contraire aux droits des femmes, à ceux des enfants et surtout aux bonnes mœurs. » Un tel langage n'était pas pour plaire au premier Consul, qui un mois plus tôt se prononçait énergiquement au Conseil d'État dans le sens d'une prohibition absolue ; on ne devait plus l'entendre après l'*épuration* du Tribunat et du Corps législatif (27 ventôse, an X).

Quelques difficultés s'élevèrent encore cependant relativement à l'étendue qu'il fallait donner au principe de l'interdiction : convenait-il d'y apporter quelque exception ? Bonaparte n'en voulait admettre aucune ; mais Cambacérès réussit, non sans peine, à faire adopter celle qui figure dans le Code pour le cas d'enlèvement (1).

A part cette unique hypothèse, on décida que la paternité ne s'établirait que par une reconnaissance volontaire, et l'on soumit cet acte à la forme authentique, afin de mettre les familles « à l'abri de toutes surprises (2) » et d'assurer la conservation d'un titre si précieux (3). Le projet du gouvernement, reproduisant une disposition jadis proposée par Cambacérès, portait que toute reconnaissance du

---

1. Fenet, X, p. 75.
2. Bigot-Préameneu, exposé des motifs, Fenet, X, p. 155.
3. Rapport de Laharyau, Tribunat, Fenet, X, p. 196.

père seul, non avouée par la mère, serait de nul effet.
Dans la pensée des orateurs qui prirent la parole
au Conseil d'État à l'occasion de ce texte, un pareil
titre devait avoir un caractère inattaquable. Plusieurs signalèrent les inconvénients qu'il y avait à
subordonner la validité de la reconnaissance à l'aveu
maternel : on se heurtait à une impossibilité, quand
la mère était morte, absente, incapable d'exprimer
une volonté ; on pouvait toujours craindre qu'elle
ne refusât son concours par souci de sa réputation,
par vengeance, ou dans un but de chantage. D'autre
part, il était impossible, comme le faisait observer
le premier Consul, en attachant à la reconnaissance
la force d'un titre inattaquable, de ne pas exiger
cet aveu, qui seul, donnait à la paternité quelque
certitude : autrement, c'était « livrer l'enfant au
premier occupant. » Sur ces entrefaites Portalis proposa d'accorder à tout intéressé la faculté de contester la reconnaissance ; Cambacérès répondit que
cette faculté appartenait de droit aux tiers, opinion,
que ne partageaient pas, semble-t-il, les orateurs
précédents ; toujours est-il qu'on donna suite à l'a-
mendement de Portalis qui figura formellement
dans la deuxième rédaction. La reconnaissance de-
venant alors plus fragile, la nécessité de l'aveu maternel, se faisait moins sentir, et l'on se contenta de
la reconnaissance du père *non désavouée par la mère*.

Cette rédaction nouvelle, conforme au troisième projet Cambacérès, ne parut pas satisfaisante. Dans une foule de cas l'absence de désaveu n'eût rien ajouté à la certitude de la paternité, soit que la mère fût morte, soit qu'elle ignorât la reconnaissance, soit qu'elle ne fût pas en état de la désavouer; on aurait pu toujours y voir une marque d'indifférence plutôt qu'une ratification. Enfin il était à craindre qu'une mère ne fit une déclaration contraire à la réalité par mauvais vouloir ou pour tout autre motif. On écarta donc cette disposition qui présentait plus de dangers que d'avantages, et l'on finit par déclarer valable la reconnaissance pure et simple du père, en laissant à tous les intéressés la faculté de la combattre (1).

Suivant l'interprétation qui a prévalu, la possession d'état, ne suffit pas pour démontrer la paternité : les projets de Cambacérès n'y avaient pas non plus attaché cet effet, et si la loi de brumaire l'avait admise comme preuve, c'était par nécessité, et seulement pour les successions antérieurement ouvertes. Parmi les collaborateurs du Code civil, Portalis seul paraît en avoir compris la valeur.

Le principe de l'art. 341 qui autorise la recherche de la maternité, ne souleva pas d'objections : « Il se-

____

1. Voir toute cette discussion dans Fenet, tome X, p. 76 et s , 112 et s.

rait barbare autant qu'impolitique, disait Duveyrier,
de refuser à l'enfant le droit de retrouver sa mère
qui se cache, mais que la nature ne refuse jamais de
découvrir » (1). Mais on se préoccupa vivement des
dangers qui pourraient en résulter ; peut-être même
exprima-t-on à cet égard des craintes exagérées, et
il semble parfois, à lire les travaux préparatoires,
que la recherche de la maternité ait quelque peu
souffert de la réprobation qui frappait celle de la
paternité. « Si la crainte des vexations et de la dif-
famation, disait Bigot-Préameneu, a fait rejeter la
recherche de la paternité, ce serait pour les femmes
un malheur encore plus grand si leur honneur pouvait être compromis par quelques témoins complai-
sants ou subornés » (2). Berlier formule les mêmes
appréhensions devant le Conseil d'Etat : « Ce n'est
point ici comme dans le cas où un enfant réclame
les droits de la légitimité, alors toute espèce de
preuves doit être admise. Mais si l'on donne la même
latitude aux enfants nés hors mariage, on expose la
femme à craindre une action flétrissante pendant
tout le cours de sa vie » (3). Malleville proposait au
Conseil d'Etat de prohiber la recherche de la maternité contre une femme mariée, même de la part

1. Fenet, X, p. 240; voir également l'opinion de Bigot-
Préameneu (X, p. 156), de Lalary (X, p. 198).
2. Fenet, X, p. 156.
3. Fenet, X, p. 79; voir également p. 78 et 198.

d'enfants nés avant le mariage. Une discussion assez longue s'engagea : on invoquait d'une part l'intérêt de la tranquillité des familles, le danger du scandale ; mais on répondait que cette mesure ne forcerait pas l'enfant au silence, que le chantage resterait possible, que le scandale ne serait donc pas évité et qu'on aurait sans utilité privé l'enfant de droits légitimes. Finalement, l'amendement fut repoussé (1) et l'enfant naturel simple fut dans tous les cas admis à rechercher sa mère, mais à la condition de présenter un commencement de preuve par écrit.

Le mode normal d'établir la maternité fut une reconnaissance passée en forme authentique.

Quant à la possession d'état, on n'y attacha pas la moindre portée. D'après le projet du gouvernement, la possession *constante* devait tenir lieu de commencement de preuve par écrit et autoriser l'enfant naturel à rechercher sa mère. Lors de la discussion au conseil d'Etat. « M. Portalis dit que la possession constante est une preuve complète de l'état. En général, toutes les fois qu'on jouit de son état constamment, publiquement, et sans trouble, on a le plus puissant de tous les titres. Il serait donc absurde de présenter la *possession constante* comme un simple commencement de preuve, puis-

---

1. Fenet, X, p. 89 et 93.

que cette sorte de possession est la plus naturelle
et la plus complète de toutes les preuves. Des faits
de possession isolés, passagers, et purement indi-
catifs peuvent n'être qu'un commencement de preuve.
mais il y a preuve entière lorsqu'il y a possession
constante » (1). Cette observation qui tendait à attribuer à la possession d'état un rôle plus considérable, produisit au contraire cet étrange résultat,
de lui faire perdre toute espèce d'utilité : la disposition du projet primitif disparut, et soit par inad-
vertance, soit de propos délibéré, on ne parla plus
de ce mode de preuve dans la nouvelle rédaction.

Ces règles ne concernaient que les enfants naturels
simples. Quant aux enfants adultérins et incestueux,
le projet du gouvernement ne s'expliquait pas à
leur égard. Au Conseil d'Etat le Premier Consul de-
manda la raison de ce silence. On lui répondit que
les tribunaux avaient exprimé l'avis d'interdire leur
reconnaissance, et que la section de législation
avait jugé le mieux de n'en point parler. Il importait cependant, comme le fit observer Cambacérès (2)
de donner une règle positive aux juges. Berlier se
prononça pour le système qu'il avait jadis proposé
à la Convention, et opina que la législation ferait
bien d'interdire la reconnaissance des enfants adul-

1. Fenet, X, p. 72.
2. Fenet, X, p. 86.

térius : cette prohibition serait, disait-il, conforme
à leur intérêt même « car il vaut mieux leur laisser
un état du chef de leur mère, un demi-état, que de
leur donner un état infâme » (1). Il envisageait principalement le cas d'un enfant né d'un homme marié et d'une femme libre, hypothèse la plus fréquente,
remarquait-il, car le fils d'une femme mariée est
presque toujours légitime, fût-il le fruit de l'adultère. A la suite de ces observations, la seconde rédaction porta que la reconnaissance ne pourrait
avoir lieu « qu'au profit des enfants nés d'un commerce libre » (2). Le tribunal, lors de la communi-
cation officieuse, réclama une formule qui interdît
clairement la reconnaissance non seulement des enfant adultérins, mais aussi des incestueux, et le
Conseil d'Etat adopta celle de l'art. 335. C'est encore sur l'observation du Tribunat que l'on prohiba
formellement la recherche judiciaire comme la reconnaissance de la filiation adultérine ou incestueuse. Lahrary justifiait en ces termes cette double mesure : « La naissance d'un enfant fruit de
l'inceste ou de l'adultère est une vraie calamité
pour les mœurs : loin de conserver aucune trace de
son existence, il serait à désirer qu'on pût en étein-
dre jusqu'au souvenir.... » (3)

1. Fenel, X, p. 91.
2. Fenet, X, p. 100.
3. Fenet, X, p. 196, voir également Fenet, X, p. 156, 199
et 242.

Si le système des preuves de la filiation naturelle avait provoqué de longs débats, il ne s'éleva guère de difficultés relativement aux droits qu'il convenait d'accorder à l'enfant illégitime. Au moment où l'on discutait le titre *de la paternité et de la filiation*, on était déjà très-décidé à revenir sur les lois de la Révolution et à établir une différence profonde entre les enfants naturels et les enfants du mariage : on ne s'expliqua point dès lors sur la nature ni l'étendue des droits reconnus aux bâtards, mais on crut bon de déclarer « qu'ils ne pouvaient réclamer les droits d'enfants légitimes » (art. 338) (1). Le projet du titre des successions qui leur attribuait dans la succession de leurs père et mère tantôt le tiers, tantôt la moitié ou les 3/4 de la portion héréditaire d'un fils légitime, parut concilier l'équité avec le respect du mariage, et ne suscita qu'une seule discussion importante : fallait-il réduire l'enfant naturel à un simple droit de créance, ainsi qu'on le proposait, ou lui reconnaître le titre plus honorable d'héritier ? On trancha la difficulté en le rangeant parmi les *successeurs irréguliers.* « Quant aux enfants adultérins ou incestueux, la loi ne s'en occupe qu'avec regret. Ils existent : il faut bien qu'on leur assure des aliments ; mais elle ne leur confère aucun droit » (2). Le projet portait que la succession de l'enfant

1. Fenet, t. X.
2. Fenet, XII, p. 194.

naturel serait dévolue, à défaut de postérité ou de père et mère, aux frères et sœurs du défunt, sans distinction des frères légitimes et naturels, mais à la suite d'un amendement proposé par Cambacérès, on réduisit les frères légitimes à un simple droit de retour (art. 766) (1).

Tandis que l'enfant naturel perdait en partie les droits que la Révolution lui avait conférés, il voyait renouveler à son préjudice l'incapacité de recevoir qui le frappait sous l'ancien régime. Mais si l'art 908 fixait une limite à la générosité de ses parents, la loi ne songea nulle part à le protéger contre leur indifférence ou leur aversion. Aucun texte n'établit une réserve à son profit, et c'est par erreur que Treilhard, dans un exposé des motifs, émettait l'opinion contraire (2).

Avec l'infériorité des bâtards reparut la légitimation, mais le code n'en admit plus qu'un seul mode. La légitimation par lettres paraissait « un abus de souveraineté usurpée » (3) Quant à la légitimation par mariage, on n'hésita pas à l'autoriser, malgré l'exemple des lois anglaises qui la regardent « comme capable de favoriser la licence des mœurs et de troubler l'ordre des familles. » (4)

1. Séance du Conseil d'Etat du 2 nivôse an XI.
2. Fenet, XII, p. 194.
3. Fenet, X, 233.
4. Fenet, I, p. 501.

Les règles anciennes furent maintenue sous la réserve d'une double innovation. On décida que le mariage contracté *in extremis* légitimerait les enfants
nés avant sa célébration. Certains orateurs objectè-
rent qu'on encourageait ainsi les parents à persé-
vérer dans le concubinage, à attendre le plus tard
possible pour se marier. Mais Réal fit triompher
cette solution en montrant combien il était difficile
de donner une définition satisfaisante du mariage
in extremis ; combien il était cruel, pour atteindre le père, généralement seul coupable, de frapper la mère et les enfants ; combien il était bizarre
enfin, de choisir pour punir le père « le moment
où il cesse d'être rebelle à la loi, le moment où
il obéit, où il répare le scandale de toute sa vie » (1).
La seconde innovation fut moins heureuse : on subordonnait la légitimation à la condition d'une
reconnaissance antérieure au mariage. Si l'on en
croit Tronchet et Bigot Préameneu (2), l'interdiction
des recherches de paternité rendait cette exigence
nécessaire ; le Premier Consul voulait empêcher
par là qu'en reconnaissant un étranger, deux époux
n'eussent la faculté de créer des enfants « par consentement mutuel. » Nous ne saisissons pas la valeur du premier argument ; quant au danger que

1. Fenet, X, 46.
2. Fenet, X, 149.

redoutait Bonaparte, le droit pour tout intéressé de contester une reconnaissance, suffisait à le rendre illusoire.

CHAPITRE V

Soumettre à une réglementation très-rigoureuse
la preuve de là filiation naturelle, et assimiler l'enfant né hors mariage à l'enfant légitime, voilà les
deux principes que la Révolution voulait faire passer dans ses lois, et qu'elle appliqua même dans une
mesure restreinte. Le premier, adopté par le Code
sans atténuation, donne lieu de nos jours aux plus
vives attaques ; quant au second, le législateur de
1804, s'en est écarté notablement ; mais, si l'on en
croit plusieurs jurisconsultes, il a eu tort de ne pas
s'y conformer. Quelle est donc la valeur législative
de ces deux règles ? La question ne manque pas
d'intérêt, puisqu'y répondre, c'est faire en même
temps la critique de notre Code.

Une loi qui accorde certains droits à l'enfant naturel ne peut sans contradiction lui interdire la
preuve de sa qualité : c'est pourtant ce que fait le
Code civil quand, après avoir octroyé des aliments
aux enfants incestueux ou adultérins, il prohibe
leur reconnaissance ou la recherche judiciaire de
leur filiation. Le germe de cette disposition se trouve

dans les projets de Berlier et de Cambacérès, sinon dans la loi de brumaire, et il faut reconnaître ici l'influence malheureuse de leurs idées. En vain invoquerait-on la crainte du scandale à l'appui de cette inhumaine prohibition : il y a moins de scandale à constater un adultère ou un inceste, souvent connu de tous, qu'à autoriser un père ou une mère à laisser périr de faim leur enfant.

S'il faut permettre la preuve de la filiation dans tous les cas où elle est possible, il convient de n'accorder aucun droit à qui ne l'a pas faite d'une manière certaine. Que l'enfant naturel réclame une succession ou de simples aliments, il n'existe aucune raison pour lui rendre la démonstration de sa qualité plus facile dans une hypothèse que dans l'autre. C'est une vérité que l'ancien droit avait méconnue, en attachant à la déclaration suspecte de la mère des effets restreints, mais encore trop étendus ; et il faut savoir gré à la Révolution d'en avoir assuré le triomphe.

Mais les règles auxquelles les projets légistatifs de l'époque intermédiaire, le décret de brumaire an IV, puis le Code civil, ont assujetti la preuve de la filiation, ne méritent-elles pas le reproche d'une rigueur exagérée ? Beaucoup le pensent, et leurs critiques nous paraissent au moins partiellement fondées.

Peu de faits se révèlent par des signes aussi ap-

parents que la maternité : la grossesse, qui l'an-
nonce, l'accouchement, qui en marque le début,
défient presque la dissimulation. Aussi, notre ancien droit, à l'exemple des lois romaines, avait-il
pu, sans imprudence, en soumettre la preuve aux
principes généraux, et l'histoire ne mentionne pas
que ce régime ait provoqué des abus. Berlier proposait de conserver un système favorable à l'enfant
naturel, et que l'expérience avait montré sans dangers. Mais dans son projet de décret sur les enfants
nés hors mariage, Cambacérès rendait la preuve de la
maternité aussi difficile que celle de la paternité :
était-ce par amour de la symétrie ? La loi de brumaire permettait d'établir la maternité par la possession d'état, très sagement à notre avis, mais pourquoi
ne pas en autoriser la recherche ? Dans le projet de
Code civil qu'il présenta au Directoire, Cambacérès
eut le tort de ne pas attacher à la possession d'état la
force probante qu'elle mérite : une possession constante forme au profit de l'enfant naturel le plus puissant de tous les titres soit à l'égard de sa mère, soit à
l'égard de son père ; c'est mieux qu'une reconnaissance, déclaration faite une fois en présence d'un
maire ou d'un notaire, c'est un aveu renouvelé tous
les jours, et dont la publicité est l'essence. Du
moins Cambacérès autorisait-il d'une manière très
large la recherche judiciaire de la maternité. Notre

Code n'admet pas la possession d'état, comme preuve de la maternité naturelle, et nous l'en blâmons avec la majorité des auteurs ; d'autre part, il soumet la recherche de la mère à l'existence d'un commencement de preuve par écrit, et nous trouvons exagérée cette précaution. Peut-on craindre ici une erreur judiciaire? Il est parfois difficile à un enfant d'établir sa filiation à l'égard de sa mère véritable : un imposteur réussira-t-il jamais à rendre vraisemblable aux yeux d'un juge la grossesse et l'accouchement d'une femme qui n'a peut-être jamais été mère, et son identité avec un enfant qui n'a peut-être jamais existé? Les rédacteurs de l'article 341 ont redouté, semble-t-il, des procès vexatoires : si cette crainte n'est pas chimérique, il leur suffisait d'exiger des indices graves, à défaut d'un commencement de preuve par écrit, souvent difficile à se procurer. C'est la solution admise par notre Code en matière de filiation légitime, sans que nul y trouve à redire, et le code italien l'a étendue à la filiation illégitime.

Quant à la preuve de la paternité naturelle, le Code a quelque peu tempéré l'excessive rigueur des règles en honneur durant la Révolution. On objectera que la loi de brumaire permettait à l'enfant de prouver son état par la possession constante, et que le législateur de 1804 n'a pas reproduit cette disposition ; nous regrettons qu'il ne l'ait pas reproduite,

mais en n'admettant point la preuve de la paternité
par la possession d'état, il ne s'écartait qu'en apparence des idées de la Révolution : la disposition de
la loi de brumaire n'était qu'une mesure transitoire,
dictée par la nécessité ; ceux qui la votaient enten-
daient pour l'avenir exiger la reconnaissance authentique du père, soutenue de l'aveu maternel.

Le Code a eu raison de supprimer cette dernière
condition : l'aveu de la mère ajoute bien quelque
certitude à la reconnaissance, mais il serait trop
dur de priver de leur état les enfants dont la mère
ne ferait point cette déclaration par mauvais vouloir, négligence, ou impossibilité. Quant à donner à
la mère naturelle la faculté de faire tomber la reconnaissance par son désaveu, c'est un système bâtard qui ne présente que des inconvénients. L'expérience a montré que le Code a suivi la meilleure
voie : les craintes qu'éprouvaient les adversaires du
système qui a prévalu, ne se sont pas réalisées : les
reconnaissances vexatoires sont un mythe, et s'il y
a beaucoup d'enfants sans pères, on voit bien rarement un fils naturel reconnu à la fois par plusieurs
hommes.

La prohibition des recherches de paternité, ac-
cueillie à l'origine avec enthousiasme, rencontre
aujourd'hui de nombreux adversaires. Elle a coupé
court aux abus que déplorait Servan, mais elle en
a provoqué d'autres. Nous ne connaissons les pre-

miers que par ouï-dire ; nous voyons tous les jours
des exemples des seconds : faut-il expliquer ainsi
que beaucoup de publicistes réclament un retour
vers l'ancien système ? Quand on leur oppose le témoignage de l'histoire, ils s'efforcent de le récuser
en disant que la source des abus était dans la maxime *creditur virgini* et non dans le principe même de
la recherche. Le législateur de la Révolution, favorable jusqu'à l'excès à l'enfant naturel, s'est-il donc
mépris au point d'édicter contre eux des rigueurs
que l'intérêt public ne commandait pas ? Nous ne
voulons pas traiter en quelques lignes cette question sur laquelle on a écrit des volumes. Mais si l'on
doit un jour réviser l'article 340, il faudra le faire
avec une extrême prudence, et ne pas s'élancer in-
considérément d'un excès dans l'excès contraire. Le
mieux serait peut-être d'indiquer limitativement les
hypothèses où la recherche du père serait possible :
au cas d'enlèvement, on ajouterait sans doute certains cas de séduction, caractérisée d'une manière
précise, la séduction pratiquée par exemple au
moyen d'une promesse de mariage ou de manœuvres dolosives, peut-être aussi le cas d'une liaison
irrégulière présentant toutes les apparences du mariage.

La filiation irrégulière, une fois établie, doit-elle
produire les mêmes effets que la filiation légitime ?
On est d'accord pour imposer aux parents naturels

l'obligation de nourrir et d'élever leurs enfants; on reconnaît volontiers qu'il convient d'accorder aux bâtards certains droits de succession au moins sur les biens de leurs auteurs. Mais faut-il attribuer à l'enfant naturel les mêmes vocations héréditaires qu'à l'enfant légitime?

Berlier et Cambacérès, dans son premier projet de Code civil, posaient comme un principe de droit naturel l'égalité absolue de tous les enfants. Mais ils n'osaient pas eux-mêmes pousser cette assimilation jusqu'à ses dernières limites, puisqu'ils interdisaient au père de reconnaître l'enfant illégitime qu'il aurait durant son mariage; il y avait là une exception déguisée à leur principe, et ce manque de logique mérite d'être signalé chez des réformateurs aussi hardis. A part cet unique temperament, les bâtards devaient succéder à leurs parents même collatéraux sur le même pied que les enfants du mariage.

On s'étonne de voir proposer un pareil système à une époque où, suivant une théorie universellement admise, on considérait le droit de succéder et le droit de tester non pas comme des droits naturels de l'homme, mais comme une création sociale, qu'il appartenait au législateur de règlementer au mieux des intérêts communs. Cette doctrine permettait de refuser à l'enfant illégitime toute vocation héréditaire et même toute capacité de recueillir les biens de ses parents. Le mariage, pouvait-on dire, est une institution nécessaire à l'existence de la société (Berlier et Cambacérès ne faisaient point difficulté pour le reconnaître) ; il importe grandement à l'intérêt public de le favoriser et de combattre les unions irrégulières : réservons donc aux enfants légitimes la fortune de leurs parents ; interdisons aux enfants naturels d'en recevoir la moindre parcelle ; nous servirons ainsi la cause du mariage ; l'intérêt social nous y autorise, et les bâtards n'auront pas le droit de se plaindre.

On préfère aujourd'hui voir dans la faculté de disposer de ses biens après sa mort un attribut de la propriété et fonder la dévolution de la succession *ab intestat* sur la volonté présumée du défunt. Dans ce système, certaines différences que le Code établit entre les enfants légitimes et les enfants naturels se justifient encore sans difficulté. On conçoit très bien que l'enfant illégitime ne soit pas appelé par la loi à l'héritage des parents collatéraux de ses auteurs et même à celui de ses grands parents : ces personnes ignorent parfois jusqu'à son existence, le connaissent à peine le plus souvent, et n'ont généralement pour lui qu'une affection nulle ou très médiocre. Mais, il faut le dire, on conçoit plus difficilement les droits moindres du bâtard dans la succession de ses parents, et l'on a surtout peine à s'expliquer l'incapacité de recevoir qui frappe l'enfant naturel et lui fait à l'égard de ses père et mère une situation pire que celle d'un étranger : comment un lien aussi fort, source naturelle d'obligations réciproques, peut-il engendrer de véritables déchéances ?

Un intérêt social de premier ordre peut seul justifier cette dernière mesure. Ce qui l'a dictée au législateur, c'est évidemment la nécessité de protéger le mariage. On dit souvent qu'en privant les parents naturels de la satisfaction de transmettre leur fortune à leur postérité, la loi a voulu les punir de leur inconduite : l'incapacité qui les frappe constituerait une véritable peine. Cette manière de s'exprimer donne beau jeu aux adversaires du système suivi par notre Code : ils n'ont pas grand mal à démontrer que cette peine là est détestable, puisqu'elle n'est pas personnelle, et atteint l'enfant innocent au moins aussi cruellement que les parents coupables. Si l'on croit nécessaire de punir le libertinage, pourquoi, demandent-ils, attendre pour le faire la naissance d'un enfant ?

Il vaut mieux voir dans cette incapacité la sanction nécessaire des règles d'ordre public qui gouvernent le mariage. Le législateur a distingué deux sortes d'unions, celles qui ont pour but de fonder une famille, et les autres : il a fermé les yeux sur ces dernières, estimant qu'il y aurait à s'en occuper plus de dangers que d'avantages. Mais il réglemente avec soin les premières, les plus intéressantes puisque c'est par elles que la société se perpétue : il interdit la polygamie, prohibe le mariage entre certains parents, ne permet de le contracter qu'à un certain âge, avec le consentement de certaines personnes, entoure sa célébration de formes solennelles, le rend indissoluble ou du moins détermine les cas où on peut le rompre, soumet à des règles particulières les biens des époux, attribue au mari la paternité de l'enfant né durant le mariage. Ces prescriptions qui intéressent au plus haut point l'ordre public, sont quelquefois fort gênantes pour les particuliers, et ceux qui voudraient fonder une famille auraient tout avantage à recourir à l'union libre, pour s'en affranchir, si la loi ne réservait aux époux seuls la faculté de transmettre à leurs descendants l'intégralité de leur patrimoine.

Les législateurs de la Révolution avaient bien aperçu le danger : les plus audacieux même durent renoncer, par crainte de la polygamie, à assimiler aux autres enfants les fruits de l'adultère. Pour qu'on ne désertât pas le mariage on s'efforçait d'en rendre les règles moins incommodes, et l'on autorisait notamment le divorce avec une extraordinaire facilité. Ainsi l'assimilation des enfants naturels

aux enfants légitimes conduisait à rabaisser le mariage au rang du concubinage.

Le système que le Code a suivi présente à n'en
pas douter de graves inconvénients. L'incapacité de
disposer à titre gratuit qui atteint les parents naturels entraîne pour les enfants une déchéance re-
grettable ; d'autre part cette sanction perd son efficacité quand il s'agit de malheureux qui n'ont rien,
pas même l'espoir de posséder un jour quelque
chose. Mais si défectueuse que soit la solution adop-
tée par le Code, il faut s'y résigner, faute de mieux.
En notre matière plus qu'en toute autre, il n'y a
point de législation parfaite, et la meilleure, c'est
la moins mauvaise.

POSITIONS.

DROIT ROMAIN.

I. — Le possesseur de bonne foi avant Dioclétien acquérait les fruits par cela seul qu'ils étaient séparés
du sol.

II. — La dation en paiement ne vaut pas vente comme
principe en droit romain.

III. — A l'époque classique les jurisconsultes ten-
daient à admettre le titre putatif comme suffisant à l'usu-
capion.

IV. — Le concubinat à l'époque classique était un
simple fait toléré par la loi pénale et non pas une union
réglémentée par la loi.

DROIT CIVIL.

V. — N'est point valable la clause qui attribue à la
femme sous le régime dotal l'administration des biens
dotaux.

VI. — L'inexécution dolosive d'un engagement con-
tractuel par une femme mariée sous le régime dotal n'est
pas un délit et n'autorise pas le créancier à saisir un
immeuble dotal.

VII. — L'ascendant, qui fait une donation mobilière à son descendant marié sous le régime de communauté, ne peut valablement exclure de la communauté les meubles donnés qui représentent la réserve de l'époux donataire.

VIII. — Quand une personne a fait successivement deux donations de sommes d'argent, puis est tombée en déconfiture, les deux donataires doivent concourir au marc le franc sur les biens du donateur, et il n'existe aucun droit de préférence au profit du premier en date.

PROCÉDURE CIVILE.

IX. — Le ministère public ne peut agir d'office que dans les cas spécifiés par la loi.

DROIT CONSTITUTIONNEL.

X. — Les traités autres que ceux visés par l'article 8 de la loi constitutionnelle du 16 juillet 1875 n'ont pas besoin de l'approbation des Chambres.

DROIT PÉNAL.

XI. — Un commerçant peut être poursvivi comme banqueroutier simple ou frauduleux sans jugement préalable du tribunal de commerce déclarant la faillite.

DROIT COMMERCIAL.

XII. — La vente des immeubles du failli n'entraîne pas la purge virtuelle des hypothèques.

TABLE DES MATIÈRES

VU :
Le président de la thèse,
LEFEBVRE.

VU :
Le doyen,
COLMET DE SANTERRE.

VU ET PERMIS D'IMPRIMER :
Le vice-recteur de l'Académie de Paris,
GRÉARD.